KB198987

철학으로 돌파하라

안광복 지음

철학으로

돌파하다

변화의 시대,
불안을 기대로 바꿔줄
43가지 지혜의 도구

사ㄸ계절

돌파할 용기를 안기는 철학

마르쿠스 아우렐리우스는 로마시대 가장 현명했던 황제로 꼽힙니다. 그는 뛰어난 스토아 철학자이기도 했습니다. 아우렐리우스는 운이 없었습니다. 나라 곳간이 거덜 난 제국을 물려받았던 데다가, 외적의 침입과 내부 반란이 끊이지 않았던 탓이지요. 그런데도 그는 모든 어려움을 이겨내고 제국을 오롯하게 지켜냈습니다. 어떻게 이럴 수 있었을까요?

그는 전쟁터에서도 현실과 거리를 둘 줄 알았습니다. 마음이 흔들리면 급박한 것을 중요한 것으로 착각하기 쉽지요. 전략과 전술은 다릅니다. 전략가는 큰 판을 읽는 반면, 전술가는 눈앞의 승리를 좇습니다. 아우렐리우스는 전략가답게 "자주 철학으로 돌아가 휴식을 취할 줄" 알았습니다. 사색으로 불안을 다독이며 현실을 차분하게 살폈다는 뜻이지요. 그는 세상의 온갖 소음 가운데서 변화의 본질과 핵심을 추려냈습니다. 그러면서도 가야 할 방향을 영혼에 새기며 흔들림 없이 나아갔습니다. 아우렐리우스는 적의 자존심까지 헤아릴 줄 알았기에 굳이 이기려 하지 않았습니다. 그런데도 승리는 언제나 그의 편이었지요.

『철학으로 돌파하라』는 스테디셀러로 자리 잡은 『철학으로 휴식하라』의 후속 편입니다. '철학으로 휴식하라'라는 전작前作의 제목은 아우렐리우스의 『명상록』에서 따왔습니다. 『철학으로 돌파하라』에서도 아우렐리우스의 지혜를 이어서 펼치려 합니다. 돌파구를 열고 싶다면 조급함을 내려놓아야 합니다. 또한 세상의 소음에서 놓여나야 깊고 넓게 생각할 수 있습니다. 아우렐리우스가 꾸준히 실천했던 철학을 하는 자세입니다.

이 책에서 소개하는 사상가들의 이야기는 마이너리티 리포트minority report에 가깝습니다. 시대를 지배하는 상식은 편견으로 굳어지곤 합니다. 이를 이겨낼 대안은 창조적인 소수에게서 나오곤 했지요. 책에서 다루는 42명은 일상인에게는 대부분 낯선 인물입니다. 그렇기에 시대가 바라는 새로운 발상과 참신한 대안을 안겨주기에는 오히려 적격이지요.

1장과 2장에서는 '미래를 읽는 눈'을 다루었습니다. 인공지능의 등장으로 경쟁력을 잃고 일터에서 밀려나리라 걱정하는 분들이 많습니다. 하지만 철학은 다른 예상을 내놓습니다. 생산을 위해 사람이 일하던 시대는 끝나갑니다. 앞으로의 일거리는 사회생활 자체가 일거리인 시민 노동과 사람다운 삶을 가꾸는 여가에서 생겨날지 모릅니다. 변화를 따라가기 급급한 추격자는 결국 힘 빠져 뒤처지게 되어 있지요. 이런 처지에서 벗어나려면 시대의 패러다임을 바꾸는 '패러다임 체인저paradigm changer'가 되어야 합니다. 처음 두 장을 통해 독자들은 이에 필요한 지혜를 품게 될 것입니다.

3장과 4장에서는 삶의 의미를 잃어가는 현대인의 모습을 진단합니다. 나아가, 곳곳에 깊이 뿌리 내린 편견과 혐오는 삶의 의미 부재와 맞닿아 있음을 일깨울 것입니다. 개인주의의 끝은 외로움과 헛헛함입니다. 일상이 점점 공동체 없는 공동생활로 바뀌어가는 탓이지요. 현대인은 거래할 뿐 소통하려 하지 않으며, 세상과 얽히기를 피곤해합니다. 그러면서도 늘 미래를 불안해하며 생존의 두려움에서 벗어나지 못합니다.

심리적 현실은 실제의 삶보다 중요합니다. 나는 누구라고 스스로 생각하는지, 세상은 나에게 무엇을 바라며 사람들이 나를 어떻게 여기는지에 따라 삶의 질과 행복의 수준이 달라진다는 뜻입니다. 우리는 역사상 가장 풍요로운 시대를 삽니다. 그렇지만 불행과 우울, 불안과 외로움을 호소하는 이들이 너무나 많습니다. 이 문제를 풀기 위해서는 무엇을 어떻게 해야 할까요?

세상은 늘 새로운 해법을 바랍니다. 그러나 오래된 지혜는 이미 검증된 해법임을 놓쳐서는 안 됩니다. 3장의 중심을 이루는 '삶의 서사'라는 키워드는 삶의 가치와 의미를 되찾아줄 비밀의 열쇠입니다. 인류 공동체 속에 언제나 살아있던 스토리텔링은 인생이라는 뱃길을 이끌어줄 방향타이기 때문입니다. 아울러, 편견과 혐오는 내 일상이 불편하고 흔들릴 때 싹트곤 합니다. 4장에서는 끊임없이 스멀거리는 미운 감정을 다독이며 세상에 대한 따뜻한 사랑을 되찾아줄 구체적인 철학의 혜안들을 보여줍니다.

마지막 5장에는 변화에 흔들리지 않게끔 영혼의 근력을 키우는 마음챙김의 철학을 담았습니다. 독창성과 상상력, 다르게 생각하는 용기가 중요한 시대입니다. 이 모두는 한계를 이겨내고 돌파하기 위해 꼭 필요한 것들이지요. 이를 갖추기 위해서는 장밋빛 희망보다 비관주의가, 호기로움과 열정보다 초연하고 차분한 태도가 도움이 되기도 합니다. 달뜬 감정을 다스리며 깊고 넓게 생각하고 바라보도록 이끌기 때문이지요. 진짜 강한 자는 절체절명의 위기에서 심장이 천천히 뛴다고 합니다. 훈련으로 영혼을 튼실하게 다듬어야 가능한 일이지요. 철학은 어려움을 돌파하는 데 꼭 필요한 영혼의 근력을 키워주는 정신 운동mental gymnastic입니다. 영혼을 강하고 담대하게 만들어줄 지혜를 담은 마지막 장을 통해, 독자의 삶이 철학으로 한층 단단해지길 기대해봅니다.

이 책에 실린 글들은 SERICEO의 인기 강좌였던 〈사상, 미래를 읽는 눈〉의 강의 스크립트를 저본底本으로 하였습니다. 오랜 기간 함께하며 완성도 높게 글과 강의를 다듬어주신 송남경 피디께 깊은 고마움을 전합니다. 많은 주제가 섞여 있어 갈래를 잡기 힘든 원고임에도, 방향성을 잘 잡아 울림 깊은 메시지를 길어내신 조연주 편집자와 한결같이 지원해주시는 사계절출판사에도 언제나 감사한 마음입니다.

2025년은 저의 철학 교사 생활이 30년째로 접어드는 해입니다. 제게 최고의 스승은 언제나 학생들과 동료 선생님들이었습니다. 수많은 스승과 제자들께 따뜻한 고마움을 전합니다. 철학자로서 저의 경력은 연로하신 어머니의 사랑, 그리고 간서치看書癡인 가장의 빈자리를 견뎌준 아내와 가족들의 헌신 덕분입니다. 제가 쓰는 모든 낱말과 문장에는 이들의 배려가 담겨 있습니다.

2025년 1월

안광복

1장 노동의 종말에 대비하라

시민 노동과 여가가 여는 노동의 미래

2장 가상현실이 만드는 현실

이미지와 입말이 이끄는 문명의 미래

3장 서사가 살아야 한다

삶의 무의미를 이겨내는 스토리텔링의 힘

4장 형이상학적 욕망을 틔우라

편견과 혐오를 넘는 갈등 해결의 지혜

5장 이기려 하지 말고, 초연하라!

변화를 위한 마음챙김의 지혜

1장　　　노동의 종말에 대비하라

시민 노동과 여가가 여는 노동의 미래

가짜 노동에서 벗어나라
뇌르마르크와 옌센

일은 언제나 업무시간만큼 늘어난다.

영국의 해양사학자 노스코트 파킨슨Northcote Parkinson은 젊은 시절 해군 장교로 복무했습니다. 그는 당시 영국의 대형 군함이 62척에서 20척으로, 장교의 수가 31퍼센트까지 줄어드는 동안 기지에서 일하는 인력은 되레 40퍼센트 늘어났다는 놀라운 사실을 발견했습니다. 특히 행정팀 인력은 78퍼센트까지 늘어났다고 합니다. 당시 대영제국은 점점 움츠러들고 있었는데요, 해외의 영토가 줄어드니 관료의 숫자도 당연히 적어져야 했습니다. 하지만 영국 식민지들이 차례로 문을 닫던 1935년에서 1954년 사이, 공무원의 수는 무려 450퍼센트나 늘어났습니다. 왜 이런 일이 벌어졌을까요?

조직은 생명체와 같습니다. 일단 만들어지고 나면 살아남기 위해 아득바득한다는 점에서 그렇지요. 부서가 더 이상 필요 없어졌어도 어떻게든 생존하려고 일거리를 찾고 만들어냅니다. 게다가 끊임없이 예산과 인원을 늘리려 애를 씁니다. 규모가 크고 예산이 많다는 것은 그만큼 영향력 있고 중요한 조직이라는 의미이니까요. 파킨슨은 만들어진 조직이 좀처럼 사라지지 않고 자꾸만 커지는 현상을 한 문장으로 정리합니다. "일은 언제나 업무시간만큼 늘어난다." 만약 근무시간이 10시간이라면 일은 그에 맞추어 완료됩니다. 25시간을 일해야 한다면 업무도 꼭 그에 맞추어 늘어나겠지요. 이른바 '파킨슨의 법칙'으로 알려진 현상입니다. 부서, 나아가 부서를 이루는 조직원들이 늘어난 업무시간을 채우려고 안 해도 되는 일도 만들어가며 자기 밥그릇을 지키려 하는 탓입니다.

　　파킨슨의 법칙에 따라 계속 덩치가 커지며 굴러가는 조직이 과연 건강할까요? 물론 그렇지 않습니다. 덴마크의 문화 비평가인 데니스 뇌르마르크Dennis Nermark (1978~)와 아네르스 포그 옌센Anders Fogh Jensen (1973~)에 따르면, 이는 조직 안에서 살아남으려 애쓰는 직원들에게도 좋지 않습니다. 의미 없는 일을 하며 바쁜 척 하루하루를 버티는 삶은 무척 고역일 터입니다. 뇌르마르크와 옌센은 조직의 논리에 따라 억지로 만들어낸 일을 '가짜 노동pseudo work'이라고 부르는데, 이를 없애야 사회도, 개인도 건강하고 튼실해질 수 있다고 강조합니다. 그들은 가짜 노동의 대안을 조곤조곤 일러줍니다. 먼저 그들이 짚어주는 인류가 꿈꾸던 미래 문명의 모습부터 살펴볼까요?

20세기 최고의 건축가인 프랭크 라이트Frank Wright는 1930년에 '브로드에이커 시티'라는 도시계획 모델을 발표합니다. 그가 그린 도시는 고층 빌딩이 빽빽하게 들어찬 모습과는 거리가 멀어요. 그는 커다란 텃밭이 딸린 주택들이 펼쳐진 시골 풍경 같은 도시를 설계했습니다. 1930년대의 사람들은 미래 노동자들은 오전 10시에 출근해서 오후 4시면 퇴근하리라 예상했기 때문입니다. 나머지 시간에는 텃밭과 정원을 가꾸며 가족과 함께 자기 삶을 꾸릴 거라고 생각했지요. 경제학자 존 케인스John Keynes의 생각도 다르지 않았는데, 그는 2030년대까지 평균 노동시간이 주 15시간으로 줄 것이라 예상했습니다. 그렇지만 이후 100년 동안 일터에서 보내는 시간은 좀처럼 줄어들지 않았습니다. 예측이 완전히 빗나간 것이지요.

뇌르마르크와 옌센은 그 이유를 가짜 노동의 증가와 함께 제대로 놀 줄 모르는 문화에서 찾습니다. 노동시간이 길수록 사람들의 여가도 수동적으로 바뀝니다. 하릴없이 TV를 보거나 스포츠 경기를 관람하는 식으로요. 너무 지쳐버린 나머지 적극적으로 몸과 마음을 움직여 활동할 엄두를 내지 못하게 되는 까닭입니다. 일터에서의 생활도 다르지 않습니다. 긴 노동으로 인해 에너지가 없으니, 일에 집중하기보다 그럭저럭 시간을 때우며 보내기 십상입니다. 그래서 뇌르마르크와 옌센은 과감하게 가짜 노동을 줄이고 여가를 제대로 꾸리는 법을 익혀야 한다고 강조합니다. 제대로 놀 줄 알아야 일도 잘하게 된다는 의미이지요.

이들의 주장은 창조성과 '다르게 생각하기'를 강조하는 최근의 기업 분위기와도 맥이 닿아 있습니다. 뇌르마르크와 옌센은 역사상 위대한 진보, 위대한 예술 작품과 사상, 기념비적인 과학 발전은 현장에서 열심히 일하는 이들이 아닌 여가를 즐기던 계층에서 나왔음을 일러주지요. 한마디로 노동으로부터 자유로워야 문명과 교양, 창의적인 기술도 피어난다는 것입니다.

포드 자동차는 약 100년 전인 1926년에 이미 주 5일제를 도입했습니다. 근무시간을 늘린다고 생산성이 크게 늘지 않을뿐더러, 일을 오래 하면 근로자들이 자동차를 사서 몰고 다닐 시간이 어디 있겠느냐는 논리였어요. 늘어난 여가시간은 자동차 시장이 커지는 데 주요한 계기가 되었습니다. 지금의 시장 상황도 마찬가지 아닐까요? 앞으로 인류 문명이 노동시간은 더욱 늘고, 일하는 강도도 가혹해지는 쪽으로 나아갈 듯싶지는 않습니다. 그렇다면 미래의 시장은 일터에서 놓여난 자유시간에 있지 않을까요? 어떻게 하면 사람들이 삶을 보람 있게 잘 가꾸며 스스로와 사회를 성장하게 할 수 있을까요? 이는 미래의 시장을 이끄는 핵심 물음이라 하겠습니다.

뇌르마르크와 옌센은 이제는 일터에서 가짜 노동을 내쫓아야 할 때라고 힘주어 말합니다. 나아가, 먼저 제대로 놀아본 사람만이 놀이를 원하는 사람들에게 어떻게 놀아야 하는지를 제대로 가르쳐줄 수 있는 법이지요. 앞으로의 시장이 더 많은 여가와 자유시간에서 비롯된다면, 우리가 과연 지금 여가를 슬기롭게 누리고 있는지 돌아볼 때가 아닐까요? 문명의 중심은 이제 노동에서 여가로 옮겨가고 있습니다. 일터 밖에서의 삶을 튼실하게 꾸리며 미래를 대비하는 것이 필요한 때입니다.

취업 노동 지고, 시민 노동 뜬다

울리히 벡

마더 테레사와 빌 게이츠를 결합한
아름답고 새로운 노동 세계가 열린다.

생활이 팍팍해질수록, 일거리가 없어질수록 사람들은 예민해집니다. 이 경우 분노는 쉽게 정부와 권력자에게로 향하지요. 사회도 금방 불안해질 테고요. 그래서 거의 모든 정치가들이 일자리 창출에 목을 매지만 고용을 늘리기란 매우 어렵습니다. 선거 때마다 경제를 살리겠다는 공약이 넘쳐났지만, 언제나 공염불로 끝나곤 했으니까요.

독일의 사회학자 울리히 벡Ulrich Beck(1944~2015)은 일자리 문제를 전혀 다른 관점에서 바라봅니다. 그는 완전고용이란 실현 불가능한 종교적 신념에 지나지 않는다고 코웃음 칩니다. 일자리 부족 문제는 자본주의 사고방식으로는 해결 불가능하기 때문입니다. 현대사회에서 취업이 어려운 이유는 경기가 안 좋기 때문이 아닙니다. 오히려 성공적인 기술 혁신 덕분에 인간의 노동력은 점점 더 필요 없어지고 있지요. 한마디로, 경제가 살아난다 해서 취업 문제가 해결되지는 않는다는 뜻입니다.

그러면 어떻게 해야 할까요? 울리히 벡은 노동을 다르게 바라보라고 충고합니다. 그에 따르면 일자리가 없어진다는 생각은 착각일 뿐입니다. 취업 노동은 줄어들지 모르지만, 시민 노동citoyen labor은 오히려 폭발적으로 늘어나고 있으니까요.

시민 노동이란 사회를 유지하는 데 꼭 필요하지만, 지금까지는 경제적 대가를 주지 않았던 활동을 말합니다. 육아와 가사 노동이 대표적인 사례이지요. 그 밖에도 예술, 문학, 정치 등등에서도 꽤 많은 시민 노동이 이루어지고 있는데요, SNS나 유튜브 등에 올리는 다양한 창작물들, 기사마다 달리는 댓글들도 넓게는 시민 노동의 일환으로 볼 수 있습니다.

울리히 벡은 시민 노동에 대해 시민수당을 지급해야 한다고 주장합니다. 어찌 보면 시민수당은 최근 활발하게 논의되는 기본소득과도 비슷해 보입니다. 하지만 시민수당은 노동의 대가로 주어진다는 점에서 기본소득이나 실업급여와 다릅니다.

실업급여는 받는 이들의 마음을 움츠러들게 합니다. '무능력자', '부적응자'라는 꼬리표가 붙기 때문입니다. 반면, 시민수당은 수혜자들에게 자부심을 안겨주는데, 대가를 받을 만한 가치 있는 일을 해서 사회에 이바지했다는 뿌듯함을 선사하기 때문이지요.

물론 울리히 벡은 시민 노동이 취업 노동을 없앤다고는 주장하지 않습니다. 이를 보완할 뿐이지요. 시민 노동과 시민수당이 제대로 이루어지려면 무엇보다 간헐적 노동을 당연하게 여기는 분위기가 자리 잡아야 합니다. 울리히 벡은, 평생직장은 세계화, 생태화, 디지털화, 개인화된 세계와 어울리지 않는다고 강조하지요. 시장은 고용과 해고가 자유로운 환경을 원하는 데다가, 생산력 증대는 그만큼의 환경 파괴를 불러오기 때문입니다. 미래사회에서 기업은 마땅한 때에 마땅한 만큼만 인력을 쓰고, 개인은 필요할 때에 필요한 만큼만 취업 노동을 할 수 있어야 합니다. 나머지 시간은 사람들이 시민 노동을 통해 나름의 방식으로 사회에 기여할 수 있도록 해야 하겠지요.

나아가 울리히 벡은 의미심장한 말을 남깁니다. "유럽을 떠도는 신新나치주의를 막을 수 없다면, 이를 막는 정치적 활동들도 노동으로 인정해야 한다." NGO운동이나 정치적 활동도 정당한 노동으로 인정하고 수당을 지급하라는 뜻입니다.

울리히 벡은 '1차 근대'와 '2차 근대'를 나눕니다. 1차 근대는 산업사회를 뜻하지요. 이 시기에는 산업 생산을 늘려 가난에서 벗어나는 데 온 사회가 힘을 기울입니다. 반면, 2차 근대에서는 1차 근대가 낳은 문제들을 해결하는 것이 중요합니다. 공해와 빈부 격차 등 사회의 안정과 지속을 어렵게 하는 요소들을 없애나가야 한다는 뜻인데요, 이를 위해서는 '풀full 타임 완전고용'은 오히려 사회에 독이 됩니다. 사람들이 일터에 오래 매여 있을수록 사회를 바꾸는 데 쏟을 시간을 내기가 어려워지니까요.

울리히 벡은 우리에게 '애벌레의 실수'에 빠지지 말라고 가르칩니다. 이는 나비로 거듭날 자신의 운명을 알지 못한 채, 편안하게 지냈던 고치가 망가지는 모습을 아쉬워하는 것을 일컫는 말입니다. 취업 노동이 줄어드는 현상은 결코 부정적이지 않습니다. 인류는 오랫동안 일에서 벗어나 자유롭게 사는 삶을 꿈꾸어왔습니다.

고대 그리스에서 자유인들은 노동은 노예에게 맡긴 채 정치적인 삶과 공동체에 기여하는 활동에 매달렸습니다. 울리히 벡은 현대인들의 상황이 고대 그리스인들과 유사해질 것으로 봅니다. 생산에 필요한 노동은 기계에 넘겨주고, 인간은 삶과 사회를 더 의미 있고 바람직하게 만드는 활동들에 정성을 쏟을 거라는 뜻입니다.

이제는 진보와 보수 모두 언젠가는 기본소득제를 실시해야 한다는 데에 이견이 없어 보입니다. 일찍이 밀턴 프리드먼Milton Friedman 같은 대표적인 자유주의 경제학자도 기본소득제 도입을 주장한 바 있지요. 울리히 벡의 주장은 자본주의 발전 방향과도 맥이 닿아 있습니다. 그는 "마더 테레사와 빌 게이츠의 결합"을 통해 "아름답고 새로운 노동 세계"를 열어가라고 다그칩니다.

그렇다면 정규직 일자리를 늘리고, 정년을 안정적으로 보장하겠다는 정치가들의 주장을 우리는 어떻게 바라보아야 할까요? 실현 가능성을 떠나, 이러한 노력이 문명 발전의 방향과 일치하는지 점검해보아야 합니다. '취업 노동'과 '고용임금'을 '시민 노동'과 '시민수당'으로 보완하라는 울리히 벡의 주장을 곱씹어보기 바랍니다.

일자리 광맥은 무한하다

도미니크 슈나퍼

가르치고 보살피고 즐겁게 해주는 일이 뜬다.

월급 또박또박 나오는 직장은 무척 중요합니다. 삶에 안정감을 주기 때문이지요. 이는 단지 돈 문제만이 아닙니다. 직장과 직함은 사회생활의 밑바탕이 되어줍니다. 흔히 자신을 소개할 때 "어디에서 일하는 누구누구입니다", "무슨 일을 하는 누구라고 합니다"라고 말문을 여는 경우가 많습니다. 이렇듯 일터는 나의 사회적 신분을 나타내는 증명서같이 쓰이곤 합니다.

하지만 프랑스의 사회학자 도미니크 슈나퍼Dominique Schnapper(1934~)에 따르면, 자신이 무슨 일을 하는지가 삶을 떠받치던 지금의 문화는 위기에 처해 있습니다. 그녀는 "생산 인구가 전체 인구의 절반보다 적어지면, 사람들이 일자리를 통해 자신의 사회적 지위를 소개하기 어려워진다"라고 말합니다. 또한 자동화, 정보화가 진행될수록 실업자, 조기 퇴직자, 임시직 노동자들은 늘어나지요. 이제는 인공지능AI이 인간을 일터에서 아예 몰아내는 '노동의 종말'이 멀지 않다고 여기는 이들도 많습니다. 이렇게 된다면 일터와 하는 일을 자신의 정체성으로 삼았던 지금의 문화적 전통은 뿌리째 흔들릴 듯싶습니다. 하지만 슈나퍼는 "일자리의 광맥은 무한하다"라며, 과학기술이 아무리 발전해도 결코 사람들을 몰아내지 못할 일거리들이 세상에 넘쳐난다고 자신 있게 말합니다. 그녀는 무슨 근거로 이렇게 확신하는 걸까요?

그녀에 따르면, "가르치고 보살피고 즐겁게 해주는 일"들은 화수분처럼 일자리를 만들어냅니다. 슈나퍼는 "교사의 숫자가 늘어나 한 반의 학생이 20명이었다가 10명이 되었다 해서 반대할 사람은 없습니다"라고 주장합니다. 게다가 세상에는 어린이, 청소년, 노인, 아픈 사람, 장애를 가진 사람, 나아가 크고 작은 도움이 필요한 모든 사람에 이르기까지, 섬세한 돌봄이 필요한 이들로 차고 넘칩니다. 한마디로 교육과 사회복지, 치료 등 대인 서비스 분야는 결코 줄어들 일이 없다는 말이지요.

이뿐만 아니라, 보고 즐길 거리를 만드는 엔터테인먼트 산업들 역시 늘어만 갑니다. 콘텐츠를 만드는 유튜버들, 연예인을 꿈꾸는 젊은이들이 얼마나 많은지 떠올려보세요. 슈나퍼에 의하면, 기술 수준이 높아지면서 있었던 일거리가 사라지는 현상은 역사상 언제나 존재해왔습니다. 과학기술은 그동안 공장과 농장에서 수많은 이들을 몰아내왔지요. 그렇다고 사람들이 이제는 기계가 대신 하는 이전의 고된 일들을 그리워하고 있을까요? 전혀 그렇지 않습니다. 일의 종류는 어느덧 그보다 육체적으로 덜 힘들고 덜 위험하면서도 좀 더 인간적인 방향으로 옮겨가고 있으니까요.

이 지점에서 슈나퍼는 일자리의 변화 가운데서도 바뀌지 않을 핵심을 짚어냅니다. 아무리 일의 성격이 바뀌어도, 임금노동은 결코 사라지지 않으리라는 사실입니다. 사람들은 대가를 받는 일을 절실히 바랍니다. 그녀는 육아를 예로 드는데, 프랑스에서는 자기 아이를 다른 어린이집에 맡기고 출근하는 보육교사가 적지 않다고 해요. 부모를 요양원에 맡기고 자신은 요양보호사나 간호사 자격을 따기 위해 노력하는 분들도 드물지 않지요. 똑같이 보살피는 작업이지만,

자기 아이와 부모를 돌보는 일과 돈을 받고 하는 돌봄 노동은 엄연히 다릅니다. 급여를 받는다는 사실 자체가, 내가 사회적으로 가치 있는 존재임을 알려주는 인증처럼 여겨지기 때문이지요.

이제, 기존의 일자리가 사라지고 노동시간이 줄어드는 모습은 변수가 아닌 상수가 되었습니다. 아마도 머지않은 미래에 근무시간은 주당 40시간 미만으로 줄어들고, '주 4일제 근무' 역시 당연한 듯 세상에 뿌리를 내리겠지요. 하지만 이는 근무시간과 노동 일수가 줄어도 이전과 똑같은 생산성을 유지해야만 가능한 일입니다. 슈나퍼는 오히려 이 점 때문에 가르치고 보살피고 즐겁게 해주는 일은 더욱더 급여를 많이 받는 일거리로 바뀌어가리라고 예상합니다. 생산성의 측면에서는 한 사람이 맡은 업무를 두 사람 몫으로 쪼개서 일자리를 늘리는 것은 바람직하지 않습니다. 일꾼이 늘수록 관리도 어려워지고 들어가는 비용도 함께 오르니까요. 처우 수준을 높여서 유능한 한 사람에게 오롯이 일을 맡기는 편이 훨씬 낫지요. 그렇다면 업무 효율화로 할 일이 없어진 이들은 무엇을 해야 할까요? 여기서 또다시 가르치고 보살피고 즐겁게 해주는 일이 대안으로 떠오릅니다. 'K-컬처'의 인기에서 볼 수 있듯, 이 또한 잘만 하면 많은 이익을 내는 사업임은 분명합니다. 어떻게 수익성을 높일까의 문제가 남아 있지만요. 이렇듯 새롭게 만들어질 일거리의 무게중심이 가르치고 보살피고 즐겁게 해주는 일들로 옮겨가고 있다는 사실은 분명해 보입니다.

그렇다면 이런 변화 앞에서 우리는 무엇을 어떻게 준비해야 할까요? 슈나퍼는 우리에게 일자리 변화를 둘러싼 모순되는 요구에 잘 대처하라고 충고합니다. 한편으로 기업은 노동시간이 줄어들고 임금 또한 점점 높아짐에도 생산성을 끌어올려야 하는 반면, '가르치고 보살피고 즐겁게 해주는 일'들은 아직도 세금이나 공적 자금으로 유지되는 경우가 많습니다. 이는 세금을 감당해야 하는 기업들을 힘들게 합니다. 슈나퍼는 관건은 기업의 부담을 덜면서도 공공지출을 늘려야 한다는 모순된 두 요구를 '가능한 한 가장 덜 나쁘게 결합하는 방식'을 찾는 데 있다고 진단합니다. 어떻게 이 둘을 조화롭게 결합할 수 있을까요? 물론, 해답은 과거로 돌아가는 데 있지 않습니다. 가르치고 보살피고 즐겁게 해주는 일이 수익도 낳는 사업으로 자리 잡게 하는 것이 하나의 해법이 될 것입니다.

크로노믹스, 근무시간의 미래

요제프 슘페터

시간보다 템포가 중요하다.

사장은 되도록 낮은 임금을 주려고 한다. 이에 노동자는 가급적 적게 일함으로써 보복을 한다. 산업 현장에서는 전쟁이 일어나고 있다. 사장과 노동자는 서로에게 가장 나쁜 것을 주려고 작정한 듯 보인다.

과학적 관리scientific management를 연 프레더릭 테일러Frederick Taylor(1856~1915)의 말입니다. 뼈 빠지게 일해봤자 노동자들의 수입은 뻔했습니다. 열심히 일하는 사람은 동료들의 핀잔을 듣기 일쑤였지요. 그래서 100여 년 전 미국의 공장 분위기는 이랬습니다. 쉬엄쉬엄, 대충대충.

과학적 관리는 솔저링soldiering, 즉 태업怠業을 뿌리 뽑기 위한 노력의 일환이었습니다. 봉급은 시간 단위로 계산되었지요. 사장 입장에서는 근무시간 동안 최대한 일을 많이 시켜야 이익을 남길 수 있습니다. 테일러는 인간의 착한 마음을 믿지 않았어요. 그는 철저하게 '과학적으로' 노동자들을 관리했습니다.

테일러는 모든 일을 단순하게 쪼개버렸습니다. 일이 잘게 나눠질수록, 작업이 손에 얼마나 익었는지, 솜씨가 얼마나 좋은지는 문제가 되지 않습니다. 망치질, 다듬기 등등의 간단한 일을 그냥 정해진 대로 수행하면 되기 때문이지요. 게다가 동작까지 세세하게 정해져 있으니 꾀를 부릴 엄두도 내지 못해요. 정해진 대로 안 하면 생산량이 표 나게 줄 테니까요.

업무가 자잘하게 나누어지면 분업과 협동이 더욱 철저히 이루어져야 합니다. 한 부서의 일이 늦어지면 다른 쪽도 작업을 하지 못하기 때문입니다. 시간을 지키는 일이 무엇보다 중요해진 것입니다.

자네는 생각할 필요가 없네. 생각하라고 돈을 받는 사람들은 따로 있다네.

테일러가 노동자들에게 줄곧 하던 말입니다. 그는 회사에 기획실을 두었어요. 모든 업무는 누가 오더라도 당장 할 수 있도록 단순화되었으므로, 노동자들은 지시받은 대로만 하면 되었지요. 반면, 기획실 사람들은 큰 틀에서 업무를 보고 모든 작업들을 조정했습니다.

테일러의 과학적 관리는 20세기 초반을 화려하게 장식했습니다. 테일러의 방식을 적극적으로 받아들인 포드 자동차는 크게 성장했습니다. 지금도 세상 곳곳에서 과학적 관리가 위력을 떨치는 중입니다. 하지만 우리 시대에 테일러의 과학적 방식이 쓰이는 곳은 일이 고되고 수입은 적은 3D 업종들이 대부분이지요. 노동의 강도를 높여서 경쟁력을 높이는 방법에는 한계가 있기 때문입니다. 이제 이익은 다른 곳에서 나옵니다.

대형 반도체 회사들은 몇 개월 만에 수조 원씩 이익을 냅니다. 그러나 형편이 안 좋을 때는 무섭게 적자를 봅니다. 경쟁이 무척 치열하지만, 여기서의 승패가 테일러식으로 결정되는 것 같지는 않아요. 승리의 핵심은 남들이 알지 못하는 묘안과 새로운 생산방식을 찾아내는 능력, 즉 '혁신'에 있습니다.

경제학자 요제프 슘페터 Joseph Schumpeter (1883~1950)는 이를 창조적 파괴creative destruction라고 이름 지었어요. 이익은 혁신에서 납니다. 그러나 경쟁자들이라고 가만있을 리 없지요. 때문에 기업은 끊임없이 변화에 변화를 거듭해야 합니다. 슘페터는 혁신을 이루어내는 사람들을 기업가entrepreneur라고 칭했습니다. 기업가란 주어진 일에만 코 박고 있는 사람이 아니라, 업무 밖으로 나가 큰 틀을 보고 생각할 줄 아는 사람입니다.

혁신은 현대 기업의 가장 중요한 생존 방법이 되었습니다. 하지만 혁신을 이끌 기발한 생각이 오전 9시에서 오후 6시 사이에만 이루어진다는 법은 없습니다. 꽉 짜인 일과는 생각까지 옥죄지요. 슘페터는 혁신을 이루는 기업가는 '바깥에서 오는 침입자'라고 말합니다. 훈수 두는 사람이 장기판을 더 잘 읽는 법이니까요. 혁신의 능력은 자유로움에서 옵니다. 왜 기업들이 비즈니스 정장을 벗으라 하고 자율근무제를 앞다퉈 받아들이는지 알 만한 대목입니다.

100여 년 전만 해도 영국 근로자들은 12시 이후에 술을 마실 수 없었습니다. 다음 날 근무를 위해서였지요. 그러나 24시간 내내 업무가 돌아가는 지금 세상에서 이런 제도는 큰 의미가 없습니다. 주위를 둘러보면 24시간 문을 여는 편의점이 곳곳에 널려 있습니다. 그뿐인가요? 인터넷에는 아예 밤낮이 없어요. '24시간, 주 7일 영업'을 뜻하는 '24/7'은 시대의 대세가 되어버렸습니다. 올빼미처럼 늦은 밤부터 일과를 시작하건, 종달새처럼 새벽부터 하루를 열건, 살아가는 데 별 문제 없는 세상입니다.

어느덧 우리는 시간보다는 템포가 중요한 시대로 접어들었습니다. 전체 일과보다 노동자 한 사람 한 사람의 생활 리듬이 중요해지고 있다는 의미입니다. 심지어 업무를 위한 대화마저도 템포에 맞게 조정할 수 있는 시대입니다. 문자메시지나 메신저, 이메일에서는 대화나 전화를 할 때처럼 바로 응답하지 않아도 되지요. 자기 리듬에 맞게 충분히 생각하고 자신이 응하고 싶을 때 답할 수 있습니다. 이제 중요한 것은 창의성과 혁신이지 성실함과 꾸준함이 아닙니다. 급여마저도 시간을 기준으로 하는 '월급'에서 성과를 잣대로 매기는 '연봉'으로 바뀌었으니까요.

자기주도학습은 21세기 학교에서 가장 강조되는 낱말

입니다. 자율적인 근무도 21세기 직장에서 아주 중요하게 여기는 항목이지요. 주어진 정보와 자원을 활용하여 자율적으로 시간을 관리하는 능력, 크로노믹스chronomics가 혁신을 이끄는 핵심으로 여겨지고 있습니다.

그런데도 우리 사회에는 혁신 전담 부서의 직원들이 날 밤을 새우며 묘안 찾기에 열심인 회사들도 적지 않습니다. 학교도 사정은 비슷해요. 자기주도학습을 야간 보충수업처럼 실시하는 학교도 드물지 않으니까요. 대한민국에서는 테일러와 슘페터가 손을 잡고 함께 가는 모양새입니다. 이대로 간다면 과연 '야근하는 혁신적인 인재'라는 한국형 인재상이 새로운 근무 모델로 제시될지도 모르겠어요. '주 4일 근무'를 둘러싼 논의가 시작되는 요즘입니다. 근무 '시간'보다 업무 '템포'에 방점을 두는 시대 분위기에 대해 곰곰이 따져볼 때입니다.

자유인다움, 21세기 핵심 경쟁력

뤼트허르 브레흐만

일은 더 바람직한 활동거리가 없는 이들이 찾는 도피처일 뿐이다.

19세기, 영국 맨체스터 노동자들에게는 휴가도 주말도 없었습니다. 아이들도 주당 70시간 이상씩 일해야 했지요. 하지만 그들을 불쌍하게 여기는 이들은 많지 않았습니다. 심지어 어느 공작부인은 "그들은 더 일해야 해요!"라고 다그치기까지 했다는데요, 도대체 왜 그랬을까요?

일에서 겨우 놓여난 노동자들은 술을 마시거나 싸움박질을 벌이곤 했습니다. 이 모습을 본 귀족들과 부르주아들은 노동자들의 '교화'를 위해 더 열심히 일하게 해야 한다고 믿었던 것이지요. 그래야 술주정 부릴 틈이 없을 테니까요. 하지만 그 결과 알코올의존자는 늘어나고 노동자들의 처지는 더 절망적으로 바뀌었을 뿐입니다.

이런 모습은 우리 시대에도 별반 다르지 않습니다. 일자리는 점점 더 귀해지고, 여기저기서 힘들다는 아우성이 터져 나오는 요즘입니다. 빈부 격차가 심화하자 기본소득제 같은 과감한 복지정책을 펼쳐 시민들의 수입을 보장하자는 목소리도 높아지고 있어요. 하지만 이에 대한 반대 목소리도 만만치 않습니다. 복지정책 덕분에 일하지 않고도 먹고살 만해지면 게으름뱅이들이 늘어날뿐더러, 도덕적 해이도 만연해지리라는 반론도 끊이지 않습니다. 어찌 보면 이런 비판들은 "그들은 더 일해야 해요!"라고 외치던 공작부인의 소신과 맥락이 같아 보입니다.

2010년, 미국의 젖소들이 생산한 우유는 1970년대의 두 배에 달했습니다. 같은 기간 동안 밀의 생산성 역시 두 배, 토마토는 세 배로 높아졌어요. 자동차나 냉장고같이 공장에서 찍어내는 상품들의 생산성도 더할 나위 없이 향상되었는데, 그에 따라 상품의 가격은 내려가고 관련 분야 근로자 수도 줄어들었습니다. 이런 상황에서 일자리를 더 늘리는 것이 바람직할까요? 이미 시장은 상품들로 포화 상태인데, 공산품의 생산을 더 늘린다고 해서 세상이 더 나아질 것 같지는 않습니다.

철학자 아리스토텔레스Aristoteles에 따르면, 자유인과 노예의 차이는 스콜레schole, 즉 여가시간에서 나타납니다. 일을 할 때는 자유인과 노예가 별반 다르지 않아요. 주어진 시간에 맡은 업무를 마쳐야 하니까요. 하지만 일에서 놓여난 순간, 자유인은 자기다움을 가꾸는 활동들에 매달립니다. 감성을 키우려 시나 예술에 빠져들고, 고귀한 영혼을 갖추기 위해 사상을 연구하며, 건강을 위해 몸을 관리하는 식으로 말이지요. 노예들은 어떨까요? 그들에게 여가란 '노동하지 않아도 되는 시간'일 뿐입니다. 때문에 한없이 늘어져 무료하게 지내거나, 술이나 노름 같은 중독거리에 빠져 괴로운 현실을 잊으려 하지요.

현대인들은 자유인에 가까울까요, 노예와 비슷할까요? 일이 힘들다, 힘들다 하면서도 막상 여유가 주어지면 어떻게 시간을 보내는지 떠올려보세요. 하루 종일 스마트폰 게임만 하거나 오락물을 보면서 시간을 허비하고 있지는 않나요? 이런 모습은 자유인의 모습일까요, 노예의 처지일까요?

그래서 네덜란드의 철학자 뤼트허르 브레흐만Rutger Bregman(1988~)은 "21세기의 가장 큰 문제는 여가 생활"이라고 힘주어 외칩니다. 고대 그리스의 도시국가 아테네는 찬란한 문화를 꽃피웠습니다. 서양의 예술, 문학, 철학은 모두 이곳에서 비롯되었는데, 이는 수많은 노예들이 일상의 노동을 대신 해주었기에 가능했습니다. 브레흐만은 우리 시대도 고대 그리스 아테네만큼이나 예술과 문학, 철학이 만개滿開할 조건을 갖추고 있다고 말합니다. 수많은 '기계 노예'들이 우리가 해야 할 노동을 점차 대신 해주고 있으니까요. 비로소 많은 사람들에게 '자유인답게' 살 만한 여건이 주어진 셈이지요. 나아가 브레흐만은 자유인답게 여가를 보낼 수 있는 능력이 21세기의 핵심 경쟁력이라고 암시하기까지 합니다.

> 1782년, 현악 4중주 제14번 G장조 K.387을 작곡한 모차르트에게는 연주자 네 명이 있어야 했다. 250년이 지난 지금도 이 곡을 연주하려면 연주자 네 명이 필요하다. 이는 바이올린의 생산 속도를 높인다고 해서 극복할 수 있는 문제가 아니다. 음악과 마찬가지로 삶의 어떤 요소들은 효율성을 높이려는 온갖 시도에 저항한다. …… 냉장고나 자동차와는 달리, 역사 수업이나 의사가 면 대 면으로 실시하는 건강검진은 효율성을 마냥 높일 수 없다. (뤼트허르 브레흐

만, 안기순 옮김, 『리얼리스트를 위한 유토피아 플랜』, 김영사, 2017 중에서)

자동화가 아무리 널리 이루어져도, 인공지능이 아무리 진화해도, 삶을 풍요롭게 하는 예술 활동이나 개인적인 상담, 다른 이들과 함께 건강을 가꾸는 활동 등은 사라지지 않습니다. 오히려 이들 분야의 가치는 더욱 올라가 치러야 할 비용이 높아지곤 하지요. 그만큼 부가가치도 높은 활동이라는 뜻입니다. 이쯤 되면 왜 브레흐만이 "여가를 즐길 줄 아는 능력이 21세기의 핵심 경쟁력"이라는 취지의 말을 했는지 이해될 듯싶습니다.

"일은 더 바람직한 활동거리가 없는 이들이 찾는 도피처일 뿐이다." 소설가 오스카 와일드Oscar Wilde의 말입니다. 기본소득제 도입에 대한 논의가 점점 늘어나는 요즘입니다. 더 많은 노동이 더 풍요로운 삶과 행복을 보장하지 못하는 시대, 그렇다면 돌파구는 일자리 창출보다 '여가를 제대로 누릴 줄 아는 능력'에서 찾아야 하지 않을까요?

브레흐만은 "주당 근로시간을 줄이는 목적은 사람들을 할 일 없이 빈둥거리게 하기 위해서가 아니다. 자신에게 중요한 일을 하는 데 쏟을 시간을 늘려주기 위해서다"라고 말합니다. 경제학자 존 케인스는 이렇게 충고하지요. "새로운 아이디어를 내놓는 것보다 옛 생각에서 벗어나는 것이 더 어렵다." 일자리 창출만이 빈부 격차와 소득 감소에 대한 해법일 수는 없습니다. '자유인다움'이 21세기 핵심 경쟁력일 수 있다는 브레흐만의 생각을 곱씹어보기 바랍니다.

함께하는 시간의 힘,
공동체의 리듬을 회복하라
올리버 버크먼

> 나 홀로 휴일을 보내야 한다면, 그건 결코 쉬는 날이 아닙니다.

소련의 독재자 이오시프 스탈린Joseph Stalin은 1929년, 놀라운 계획을 발표합니다. 나라의 공장들을 1년 내내 쉬지 않고 가동하겠다는 내용으로, 이를 위해 스탈린은 일주일을 7일이 아닌 5일로 만들었습니다. 노동자들은 6일 일하고 하루 쉬는 것이 아닌, 4일을 근무하고 하루의 휴일을 갖는 패턴에 익숙해져야 했지요. 게다가 시민마다 쉬는 날이 모두 달랐습니다. 스탈린은 노동자들을 노란색, 녹색, 주황색, 보라색, 빨간색의 다섯 개 그룹으로 나누고 집단별로 서로 돌아가며 쉬게 했습니다. 이렇게 하면 쉬지 않고 공장을 가동할 수 있으니까요.

소련 정부는 이 모든 변화가 노동자들의 생활수준을 높이려는 조치라고 선전했습니다. 언뜻 보면 맞는 말 같기도 합니다. 공휴일마다 인파로 북적대는 놀이공원이나 백화점을 떠올려보세요. 모두의 휴일이 제각각이라면, 어딜 가나 사람들이 덜 몰려 여유롭고 한갓지게 문화생활을 즐길 듯싶습니다. 하지만 정작 소련 시민들은 이런 변화에 격렬한 불만을 터뜨렸습니다. 그 이유는 무엇이었을까요? 당시 소련의 관영 신문이었던 《프라우다》에 실린 인터뷰에서 어느 노동자는 이렇게 말합니다. "아내는 일터로 갔고 아이들은 학교에 있는데, 저 혼자 휴일에 뭘 하란 말입니까? 동료들도 교대로 근무하느라 함께 쉬지 못한다면 이걸 인생이라 할 수 있을까요? 나 홀로 휴일을 보내야 한다면, 그건 결코 쉬는 날이 아닙니다."

영국의 칼럼니스트 올리버 버크먼Oliver Burkman(1975~)에 따르면, 시간은 네트워크 자원과도 같습니다. 전화기는 나만 갖고 있을 때는 쓸모가 없어요. 다른 사람들도 전화기를 갖고 있어야 서로 요긴하게 사용할 수 있습니다. 버크먼은 시간도 마찬가지라고 강조합니다. 시간이 많기로 따지면 감방에 홀로 갇힌 죄수가 최고일 터입니다. 그렇지만 나 혼자만 충분한 시간이 있을 때는 여유가 되레 고통과 외로움이 되어버리기 쉽습니다. 일 없는 날, 사랑하는 이들과 함께하지 못할 때의 적적함 또한 이루 말하기 어렵지요. 이쯤 되면 소련 사람들이 쉬는 날을 제각각 다르게 하려는 스탈린의 시도에 왜 불만을 터뜨렸는지 이해될 듯싶습니다.

버크먼은 사람들에게 자신보다 더 큰 존재와 함께하고픈 열망이 있음을 강조합니다. 예컨대 로마의 장군들은 병사들이 홀로 걷지 않고 함께 행군할 때, 더 먼 길을 더 빨리 간다는 사실을 알아냈습니다. 함께할 때의 이점은 여기에 그치지 않지요. 함께 군가를 부르고 발맞추어 걸으면서 군인들은 서로서로 몸의 리듬을 맞추어갑니다. 이를 통해 장병들은 자기보다 더 크고 위대한 무엇에 속해 있다는 감동과 자부심을 느끼게 되는데, 이런 감정은 자기 부대에 대한 무한한 헌신과 희생을 기꺼이 감당하게끔 만듭니다.

사실, 공동체 전체가 함께하는 리듬을 만들려는 노력은 군대에만 있지 않습니다. 농사를 짓는 문화에서는 씨를 뿌리거나 곡식을 거둘 때, 모두 모여 함께 일과를 꾸리는 전통이 자연스레 자리 잡았지요. 우리의 제사 문화도 마찬가지의 노력이라고 할 수 있습니다. 이 역시 자신만의 삶의 리듬을 내려놓고 공동체의 시간과 흐름에 맞게끔 자기 생활을 조율하도록 하는 장치입니다. 설날과 추석의 긴 연휴, 서양의 추수감사절이나 크리스마스 같은 휴일도 마찬가지입니다. 명절은 사회 전체가 의무적으로 쉬어야만 하는 공동의 휴가와도 같지요. 가족과 대화할 틈을 내기 어려운 까닭은 물리적으로 시간이 없기 때문만은 아닙니다. 제각각 자신의 삶을 꾸려가느라 함께 모이기 어려운 탓이 더 크지요. 이럴 때 나라 전체가 함께 쉬는 명절이나 휴일은 가족의 사랑을 가꾸는 데 무척 중요한 역할을 합니다.

하지만 디지털 문명이 발전하면서 우리는 함께하는 시간의 중요성을 점점 잊어가고 있습니다. 일터의 업무도 개별화된 지 이미 오래입니다. 출근시간도 제각각, 퇴근도 알아서 하는 유연 근무제가 자리 잡은 직장은 이제 드물지 않지요. 게다가 자기가 필요할 때만 일하는 긱 이코노미gig economy, 수요가 있을 때만 굴러가는 온 디맨드on-demand 형태의 서비스도 일반화되고 있어요. 한마디로, 조직 전체가 하나의 리듬으로 굴러가는 분위기는 개인의 자유를 옥죄는 답답함으로만 다가오는 경우가 적지 않습니다.

올리버 버크먼은 이런 현실에서 우리가 놓치고 있는 중요한 진실을 일깨웁니다. 디지털 세상에서 우리의 하루를 줄곧 지배하는 핵심 감정은 무엇일까요? 자유와 행복일까요? 물론 이를 느끼는 순간이 있기는 하지만 온종일 그렇지는 않습니다. 오히려 외로움과 초조함, 무기력과 무료함이 줄곧 느껴지지는 않나요? 왜 우리는 하릴없이 클릭을 거듭하며 인터넷과 SNS 사이를 돌아다니는 걸까요? 버크먼은 여기서 한 발 더 나아가, 사회 전체가 함께하는 리듬이 사라지는 현실이 민주주의의 위기로 이어질 수 있다고 우려합니다. 시민 모두가 참여하는 풀뿌리 민주주의를 일구려면 모두 모여 회의나 모임, 집회 등을 함께해야 하는 경우가 많습니다. 그러나 각자의 생활에 따라 근무시간과 쉬는 시간이 제각각인 현실에서는 이를 위한 시간을 내기가 쉽지 않지요.

디지털 문명은 개인의 자유와 자율을 강조하는 방향으로 나아갑니다. 이는 당연히 바람직한 변화겠지요. 그런데도 한편으로 우리 마음에는 외로움과 헛헛함이 점점 진해지는 듯합니다. 이런 부작용에서 벗어나려면 어떻게 해야 할까요? 함께하는 시간의 중요성을 강조하는 올리버 버크먼의 주장을 되새겨볼 때입니다.

일로 성장하는 법

이시다 바이간

세상은 당신의 일을 통해 점점 나아지고 있나요?

상업이 발전하던 일본의 에도시대, 어느 관료가 냇가를 따라 걷다가 10푼짜리 동전을 물에 빠뜨리고 말았습니다. 날은 이미 어둑어둑해져서 동전을 찾기란 여간 어렵지 않았지요. 관료는 부하들에게 50푼을 주며 마을에 가서 횃불을 사오라고 시켰습니다. 밝은 불빛 덕분에 이내 10푼짜리 동전을 찾을 수 있었다고 하지요. 여기까지만 들으면 이 관료는 참 융통성 없는, 어리석은 사람처럼 보입니다. 푼돈을 건지려고 다섯 배나 많은 돈을 썼으니까요. 하지만 에도시대 철학자인 이시다 바이간石田梅岩(1685~1744)은 이 관료를 최상급 부자로 치켜세웁니다. 이 관료가 부하들에게 한 말을 들어

보면 그 이유를 단박에 알 수 있습니다.

만약 내가 개울 바닥에 잠긴 10푼을 포기했다면, 그 돈은
영원히 세상에서 사라졌을 거야. 그럼 나는 세상에 무척 미
안한 짓을 한 셈이지. 하지만 나는 50푼을 써서 동전을 찾
아냈네. 내가 쓴 50푼은 절대 사라지지 않았다네. 마을 사
람들의 몫으로 돌아갔으니까. 그러니 내가 한 일을 어리석
다고 하지 말게나.

이처럼 진정한 부자들은 이익과 손해를 가늠하는 잣대
가 여느 사람들과 아예 다릅니다. 자신은 큰 손해를 입었다
해도 세상에 이로움을 낳았다면 만족하지요. 이렇게 사람들
의 마음도 얻어서 더 큰 부가 자신에게 굴러 들어오곤 합니
다. 이시다 바이간은 이를 상인의 도리, 즉 '상도商道'라는 말
로 정리합니다.

메이지유신 이전의 일본사회에서는 상인에 대한 차별
이 무척 심했습니다. 사농공상으로 나뉜 신분제도 속에서
상인은 가장 밑바닥 계층이었는데, 이시다 바이간은 결코
상인의 자부심을 내려놓지 않았습니다. 그는 당당하게 외치

곤 했습니다. "무사에게 무사도武士道가 있다면, 상인에게는 상도가 있습니다."

이시다 바이간에 따르면, 장사를 통해 거두는 이익은 무사가 주군에게 받는 녹봉보다 못할 것이 전혀 없습니다. 세상을 이롭게 한다는 점에서는 똑같기 때문이지요. 무사가 싸움만 잘한다고 해서 존경받지는 못합니다. 함부로 칼을 휘두르며 사람들을 겁박했다가는 되레 손가락질만 받겠지요. 상인도 마찬가지입니다. 돈만 많이 버는 상인은 세상에서 우러름을 받지는 못합니다. 눈속임을 밥 먹듯이 하고, 구두쇠같이 아득바득 돈에 매달리는 장사치를 떠올려보세요. 정직과 검약을 통해 재산을 일구는 상인만이 마땅한 존경을 누리게 되는 법이지요.

이쯤 되면 이시다 바이간이 무사도와 상도를 왜 같은 수준으로 다루었는지 이해될 듯싶습니다. 그에 따르면 사무라이들이 무사도를 따르는 이유는 진정한 사람이 되기 위해서이고, 상인이 상도를 지키는 이유 역시 진정 사람다운 인생을 살기 위해서입니다. 하는 일이 다를 뿐 목적지는 같지요. 자기 일에 최선을 다할수록 더 훌륭한 인격을 갖추게 되고 세상도 더 살기 좋아져야 합니다. 이럴 때 우리는 신분이나 처지에 상관없이 존경받는 삶을 살고 있다고 하겠습니다. 진정 사람다운 삶을 살지 못하고 있다면 당장은 성공을 거머쥐고 있다고 해도, 결국 나락으로 떨어질 것입니다. 바르지 않은 삶을 사는 자들에 대해 세상은 분노와 미움을 쌓아가기 마련이니까요. 『도비문답』에 나오는 이시다 바이간의 말을 더 살펴보겠습니다.

세상 돌아가는 형편을 보면, 상인인 듯하면서도 사실은 도둑인 자들이 적지 않다. 진정한 상인은 상대에게 이롭고 자신에게도 이로운 일을 한다. 재산이란 원래 세상 사람들의 것이다. 손님들의 마음도 내 마음과 다를 바 없어서 한 푼조차 아까워하기 마련이다. 상품에 마음을 담아 정성껏 판매하라. 그래도 사는 사람은 처음에는 돈이 아깝다고 생각할지 모른다. 하지만 이내 상품의 질이 좋음을 깨닫고 돈 아깝다는 마음이 점차 사라지게 된다. 이렇게 돈에 대한 아쉬움을 옅어지게 하는 것은 사람들을 좋은 방향으로 이끄는 일이다. …… 그런 식으로 재산이 산처럼 불어난다 해도, 이를 상인의 욕심이라고 비난하는 자는 없을 것이다.

이시다 바이간은 일본 특유의 비즈니스 마인드의 기초를 놓은 철학자로 평가받곤 합니다. 그는 '일본의 피터 드러커Peter Drucker'라고 불리기도 하는데, 경영학의 창시자인 피터 드러커는 "인간이란 무엇인가?"라는 철학적 물음을 줄곧 던지곤 했습니다. 이시다 바이간도 다르지 않지요. 그는 항상 상인들에게 업의 본질을 되묻곤 했습니다. "지금처럼 장사를 하면 그대는 어떤 사람이 될 것 같습니까?", "당신은 사업을 통해서 점점 좋은 사람이 되어가고 있습니까? 세상은 당신의 일을 통해 점점 나아지고 있나요?" 이 두 물음은 이시다 바이간의 사상을 꿰뚫는 핵심 질문이기도 합니다. 그에게 있어 사업과 인격 수양을 위해 도를 닦는 일은 다르지 않습니다. 두 가지 과업은 자신과 세상을 더 낫게 만들어가는 과정이니까요.

기업의 사회적 책임Corporate Social Responsibility, ESGEnvironment, Social, Governance 경영 등 사회에 대한 기업과 경영자의 책임을 강조하는 지표들이 넘쳐나는 요즘입니다. 이시다 바이간의 『도비문답』을 읽으며 250여 년 전, '더 좋은 삶과 더 나은 세상 만들기'라는 목적을 품고 장사를 했던 에도시대 상인들의 지혜를 되새겨보면 어떨까요?

2장   가상현실이 만드는 현실

이미지와 입말이 이끄는 문명의 미래

쇼비즈니스 시대의 생존법

닐 포스트먼

게임을 설계하는 사람은 게임에 중독되지 않는다.

미국의 리처드 닉슨 전 대통령은 리처드 케네디 전 상원의원에게 이렇게 충고했습니다. "대선 출마를 진지하게 고민하고 있다면, 몸무게부터 10킬로그램 줄여야 할 거요." 미국의 27대 대통령인 윌리엄 태프트의 몸무게는 170킬로그램이 넘었는데, 정치가로서 그의 체중이 문제라고 말하는 이들은 별로 없었습니다. 그런데 닉슨 대통령은 왜 케네디에게 살을 빼라고 했을까요?

이유는 간단합니다. 윌리엄 태프트의 시대에는 텔레비전이 없었기 때문입니다. 19세기까지만 해도 대통령을 길에서 마주쳐도 알아보는 이들이 많지 않았습니다. 대부분은 글과 연설을 통해 정치가들을 접했으니까요. 텔레비전이 등장하고 나서야, 사람들은 매일같이 사회의 주요 인물들의 얼굴을 볼 수 있게 되었습니다. 미국의 커뮤니케이션 이론가인 닐 포스트먼Neil Postman(1931~2003)에 따르면, 어떤 매체를 사용하는지에 따라 생각하는 방법, 설득하는 기술도 변화합니다. 그의 주장을 들어보면 리처드 닉슨의 조언이 매우 실용적임을 깨닫게 됩니다.

외적의 침입을 알리던 조선시대의 봉화를 떠올려보세요. 봉화는 위기 상황을 빨리 알릴 수는 있습니다. 그러나 불과 연기로 철학적 대화를 나눌 수는 없지요. 마찬가지로, 글로 전할 수 있는 것과 텔레비전으로 나눌 수 있는 것은 전혀 다릅니다.

글에서는 차분하게 잘 짜인 논리가 중요합니다. 맥락 없는 주장과 근거 없는 생각은 바로 손가락질받지요. 반면, 영상에서는 짧고 강렬한 장면이 핵심입니다. 말이 되는지 안 되는지는 그다음 문제이고요. 일단 관심을 끌어야 사람들에게 내 주장을 펼칠 수 있는 까닭입니다. 화면으로 볼 때는 조금만 지루해도 사람들이 이내 채널을 돌려버려요.

글씨와 활자로 생각을 나누던 시대에는 흠잡을 곳 없는

논증을 펼치는 능력이 중요했습니다. 그러나 텔레비전과 모니터, 스마트폰 등 스크린을 주로 들여다보는 세대에게는 짧고 굵게 이미지를 보여주는 기술이 훨씬 효과적이지요. 텔레비전 토론에서, 젊고 매력적인 존 F. 케네디에게 밀렸던 늙은 닉슨은 이 사실을 경험으로 알고 있었던 셈입니다.

닐 포스트먼은 텔레비전의 등장으로 현대 문명이 '설명의 시대'에서 '쇼비즈니스 시대'로 바뀌었다고 짚어줍니다. 뉴스도, 정치도, 심지어 교육도 텔레비전에 맞게 형식이 바뀌어버렸다는 의미이지요. 쇼에서는 한 장면을 오래 보여주어서는 안 됩니다. 금세 지루해지니까요. 그래서 쉴 새 없이 신기한 것, 새로운 것을 무대에 올립니다. 이렇듯 보여주기가 중요한 쇼비즈니스의 논리는 텔레비전 뉴스에도 그대로 통합니다. 1980년대에 이미 주요 뉴스의 길이는 45초를 넘지 않게 되었다고 해요. 지금의 저녁 9시 뉴스를 떠올려보세요. 보도 화면이 쉴 새 없이 바뀌며 새 소식을 정신없이 쏟아내지 않던가요?

정치도 다르지 않습니다. 정치가인 링컨과 스티븐 더글러스의 유명한 논쟁은 무척 길었습니다. 더글러스의 연설이 3시간, 이어지는 링컨의 반론도 3시간, 여기에 더글러스가 충분히 해명하도록 1시간의 추가 시간이 주어졌습니다. 사람들은 중간에 식사를 곁들이며 토론에 귀 기울였다고 하지요. 지금의 정치 토론은 어떤가요? 정치가들은 쇼 무대의 연기자처럼 짧고 강렬한 이미지를 전달하는 데 공을 들입니다. 이야기가 몇 분만 길어져도 시청자들이 관심을 거두어버리는 탓입니다.

이제는 강연에도 배경음악을 깔고 효과음을 넣는 일이 드물지 않습니다. 연극에서 썼던 기법이 강의에도 통하게 된 것이지요. 흥미와 재미는 교실에서도 가장 중요한 고려 사항이 되어, 선생님의 설명은 점점 짧아지고 주의를 잡아끄는 볼거리와 놀거리가 수업시간의 많은 부분을 차지하는 추세입니다. 그렇다면 이런 변화가 과연 바람직할까요?

학생들의 이해력이 떨어지고 주의가 산만하다고 걱정하는 목소리는 날로 높아만 갑니다. 지혜로운 정치가가 아닌 선동가가 권력을 잡는다며 한숨 쉬는 사람들도 늘어만 가지요. 세상은 빠른 속도로 스마트하게 바뀌어가지만, 우리의 인내심과 지적 지구력은 급속하게 줄어드는 느낌입니다. 이런 현실에서 우리는 무엇을 어떻게 해야 할까요?

게임을 설계하는 사람이 게임에 중독되는 경우는 거의

없다고 합니다. 영상 시대를 사는 우리도 그래야 합니다. 영상을 즐기는 것과 영상에서 통하는 논리를 만들어내는 것은 전혀 다른 차원의 일입니다. 닐 포스트먼은 글을 읽고 쓰는 능력은 언제나 엘리트의 핵심 역량이었음을 강조합니다. 스크린이 모든 것을 지배하는 시대입니다. 우리는 영상에 주의력을 내맡긴 채 휘둘리고 있는 걸까요, 아니면 영상으로 세상을 이끌고 있는 걸까요? 자신의 일상을 지배하는 매체가 무엇인지 찬찬히 살펴볼 때입니다.

다시, 구어 문명으로

마셜 매클루언

> 구어 문명은 시각뿐 아니라 오감을
> 모두 사용한다는 점에서 정상적이고 바람직하다.

요즘 책 안 읽는 분들 참 많습니다. 〈2023 국민 독서실태조사〉에 따르면, 성인 가운데 책을 한 권도 읽지 않은 사람이 60퍼센트에 달했다고 해요. 시험공부할 때만 책장을 뒤적거릴 뿐, 대부분은 유튜브나 인터넷으로 세상을 접하곤 합니다. 걱정스러운 목소리도 적지 않습니다. 사람들이 긴 글을 읽고 내용을 파악하기 점점 힘들어하고, 깊이 생각하는 능력도 점점 더 떨어진다고 말이지요. 하지만 캐나다의 언론학자 마셜 매클루언Marshall McLuhan(1911~1980)의 설명에 따르면, 이는 전혀 걱정할 문제가 아닙니다. 문명의 자연스러운 변화일 뿐이니까요. 심지어 그는 예전에 '바보상자'라고 불렸던 텔레비전이 인류 문화를 '정상'으로 되돌렸다고 칭찬하기까지 합니다. 도대체 그는 왜 이런 이야기를 하는 것일까요?

매클루언에 따르면, 인류사회는 입과 귀로 정보를 전달하는 구어口語 문명에서, 글자를 읽고 쓰면서 생각을 나누는 문어文語 문명으로 발전해왔습니다. 그러나 라디오, 텔레비전 같은 전자 매체가 등장하면서 다시 구어 문명으로 되돌아가고 있지요.

호메로스의 서사시 『오디세이』나 『일리아드』는 원래 입에서 입으로 전해지던 이야기였습니다. 누군가가 읊은 이야기를 잘 기억했다가 다른 사람에게 들려주는 식으로 퍼져 나갔다는 뜻이지요. 사실 글자가 등장하기 전 인류의 모든 지식은 이런 방식으로 전해졌습니다. 구어 문명에서는 입과 귀로 생각과 정보를 나누었지요. 대화가 이루어지려면 말하는 자뿐만 아니라 듣는 사람도 있어야 합니다. 게다가 말할 때는 자연스레 감정이 실릴뿐더러, 인간적인 매력이 논리만큼 큰 영향을 끼치곤 합니다.

하지만 1455년 구텐베르크가 금속활자를 내놓자마자, 수천 년간 이어져왔던 구어 문명은 급히 막을 내립니다. 글자가 널리 퍼지고 책이 흔해지자, 사람들은 대화보다 글을 통해 지식과 정보를 쌓게 되었지요. 글을 읽을 때는 굳이 다른 사람과 함께할 필요가 없습니다. 게다가, 글을 읽을 때는 감정에 휘둘리거나 말하는 상대가 누구인지 신경 쓰지 않고, 차근차근 정교하게 논리를 따라갈 수 있지요. 문어 문명이 이성적인 판단과 합리성을 무엇보다 중요하게 여기는 이유도 여기에 있습니다.

그러다 20세기 들어, 라디오와 텔레비전 등 전자 매체가 등장하자 또다시 구어 문명이 살아났습니다. 라디오나 텔레비전은 활자처럼 눈에만 호소하지 않습니다. 이야기와 움직이는 그림을 통해 시각, 청각, 미각, 후각, 심지어 촉각까지 여러 감각을 불어넣으며 우리를 자극하는데, 사람의 두뇌는 당연히 딱딱한 활자보다 다양한 감성을 자극하는 전자 매체에 더 끌립니다. 매클루언이 죽은 후 등장한 인터넷은 더더욱 구어 문명에 어울리는 매체입니다. 사람들은 끊임없이 댓글 등으로 의견을 공유하고 실시간으로 대화를 나누기도 합니다. 입말에서 그러하듯, 냉철한 논리보다 감정을 뒤흔드는 짤막한 표현이 더 위력을 떨치곤 하지요. 한마디로 20세기 초에 등장한 전자 매체는 인류를 활자의 세계에서 입말의 세상으로 되돌려놓았습니다.

매클루언에 따르면, 활자 문명은 여러 감각 중에서 시각 하나에만 전적으로 기댔다는 점에서 '변태적'이었습니다. 반면, 구어 문명은 시각뿐 아니라 청각, 미각, 후각, 촉각의 오감五感을 모두 사용한다는 점에서 정상적일뿐더러 바람직하지요. 사실 매클루언의 주장은 우리의 상식과도 무척 가깝습니다. 이메일이나 SNS로 충분히 소통할 수 있는데도 굳이 "우리 직접 만나서 이야기합시다"라고 말하게 되는 까닭은 무엇일까요? 소통과 이해는 논리만으로 이루어지지 않습니다. 글을 읽을 때보다 강의로 설명 들을 때 머리에 더 쏙쏙 들어오는 이유 역시 인간 두뇌는 오감을 모두 사용할 때 더 효과적으로, 정상적으로 작동하기 때문입니다. 이쯤 되면 매클루언이 왜 텔레비전이 인류 문명을 정상으로 돌려놓았다고 했는지 충분히 이해할 수 있습니다.

그렇지만 여전히 사람들이 화면만 들여다보는 모습은 마뜩잖게 다가옵니다. 자기 생각을 쌓을 틈 없이 자극에만 이끌리는 듯해서 영 탐탁지 않지요. 매클루언은 이러한 문제를 넘어서게 하는 혜안 역시 안겨줍니다. 그는 '테트라드 Tetrad'라고 알려진 네 개의 물음을 통해 미디어의 문제를 진단해보라고 제안합니다. 각각의 내용은 다음과 같습니다.

첫째, 새로운 기술로 말미암아 증폭되거나 나아지거나 확장되는 것은 무엇인가? 둘째, 새로운 기술로 인해 사라지는 것은 무엇인가? 셋째, 새로운 기술이 옛것 가운데 무엇을 부활시키는가? 마지막으로 새로운 기술이 한계에 이르렀을 때 갑작스레 나타나게 될 것은 무엇인가?

예를 들어보겠습니다. 스마트폰은 언제 어디서나 필요한 정보를 얻게끔 인간의 능력을 확장했습니다. 그러나 스마트폰 탓에 사람과 직접 만나 관계 맺는 일은 점점 줄어들었지요. 그렇지만 서로서로 연결되어 있다는 감각은 부활시켰습니다. 그러면서도 온 세상을 광고와 가짜 정보로 가득 채웠지요. 그렇다면 전자 매체로 부활한 새로운 구어 문명은 앞으로 어디로 나아갈까요?

매클루언은 "미디어는 메시지다"라는 명언으로 유명합니다. 2008년 등장한 스마트폰은 증기기관과 전기가 등장했을 때만큼이나 세상을 크게 바꾸어놓았습니다. 스마트폰이라는 미디어는 우리에게 어떤 구어 문명을 꾸려가라고 메시지를 던지고 있을까요? 구어 문명과 문어 문명의 장단점을 견주어보며 생각해보았으면 합니다.

시뮬라크르, 가짜가 진짜보다 좋아진 세상

장 보드리야르

가짜는 아무리 매력적이라 해도 결국 가짜일 뿐이다.

진짜가 가짜보다 좋습니다. 이는 너무나 당연한 상식처럼 느껴져요. 그러나 현대인들은 진짜보다 가짜에 더 끌립니다. 심지어 진짜를 내팽개치고 가짜를 달라고 적극적으로 요구하기까지 하지요. 가령, 시중에 나온 '바나나맛 우유'에는 대부분 바나나가 전혀 들어 있지 않습니다. 그런데도 아이들은 진짜 바나나보다 바나나맛 우유를 더 좋아하지요. 가짜에 끌리는 모습은 성인들도 다르지 않은데, 사람들은 생긴 그대로의 모습을 담은 무보정 여권사진과 포토샵을 통해 예쁘게 다듬은 증명사진 중 어느 것을 더 좋아할까요?

가짜를 진짜보다 더 낫다고 여기는 모습은 여기서 끝나

지 않습니다. 우리 주변에는 얼굴을 맞대고 말하기보다, 이 모티콘으로 감정을 표현하며 문자로 말하는 편을 더 좋아하는 이들이 적지 않습니다. 친구들과 함께 밥을 먹기보다 '먹방'을 틀어놓고 혼자 먹는 이들도 쉽게 찾아볼 수 있어요. 이렇듯 세상은 가짜를 진짜보다 더 좋아하고 원하는 방향으로 바뀌어가고 있습니다.

프랑스의 사회학자 장 보드리야르Jean Baudrillard (1929~2007)는 1980년대 초반에 이미 가짜가 진짜를 이기는 지금의 현상들을 예언하며 '시뮬라크르simulacre'라는 철학 용어를 제시했습니다. 시뮬라크르란 '원본이 없는 복제'를 뜻합니다. 가령, 매체에 비치는 인기 배우들의 이미지는 실제 배우의 모습과 다릅니다. 화장과 조명, 화면 보정까지 덧붙여 가장 멋진 모습으로 꾸며놓은 결과이니까요. 하지만 일단 만들어진 이미지가 자리 잡으면, 이는 사람들이 좋아야 할 '모델'이 되어버려요. 심지어 '원본'격인 배우조차도 자신의 이미지에 걸맞게 처신하려 노력하지요. 진짜가 오히려 가짜를 베끼는 형국입니다. 이런 처지는 일반인들도 다르지 않습니다. SNS에 자신의 멋진 모습을 올리고 현실에서도 이와 같은 척하려고 아등바등하는 이들이 얼마나 많은가요?

보드리야르는 앞으로의 세상은 하이퍼리얼hyper-real, 즉 가상현실이 지배할 것이라 예상했습니다. 지금 우리 삶을 보면 보드리야르의 예언이 틀리지 않은 듯합니다. 우리의 미래는 이렇듯 정말 시뮬라크르와 하이퍼리얼을 따르게 될까요?

1930년대에 이루어진 네덜란드 생물학자 니코 틴베르헌Niko Tinbergen의 연구는 또 다른 혜안을 보여줍니다. 뻐꾸기는 다른 새 둥지에 알을 낳는데, 다른 새들은 자기가 낳은 알을 밀어내면서까지 뻐꾸기 알을 애지중지 품습니다. 왜 그럴까요? 틴베르헌에 따르면, 새들은 알이 크고 때깔이 고울수록 건강하고 좋은 알이라 여기기 때문입니다. 크기와 빛깔로 품을 만한 알인지 아닌지를 판단하는 셈이지요. 이렇듯 무언가를 판단할 때 다른 요인들을 압도하는 핵심 자극을 틴베르헌은 '초정상 자극supernormal stimuli'이라 부릅니다.

초정상 자극의 사례는 인간 세상에도 많습니다. 애니메이션 속 귀여운 캐릭터들은 하나같이 큰 머리에 커다란 눈, 맑은 눈동자를 갖고 있지요. 이 특징들이 바로 아기를 떠올리게 하는 초정상 자극들입니다. 성인영화에서는 큰 가슴과 엉덩이, 빨간 입술, 떡 벌어진 어깨, 식스팩 복근 등이 초정상 자극이겠지요. 이런 모습을 보면 사람들은 '섹시함'을 떠올리니까요.

문제는 진짜를 압도하는 가짜들은 하나같이 이러한 초정상 자극들을 극단적으로 앞세운다는 점입니다. 예컨대, 과일주스는 실제 과일보다 훨씬 달고 향긋합니다. 설탕과 향료 등으로 달콤함과 향기로움이라는 핵심 자극들을 강조한 탓이지요. 헬스 산업의 모델들은 하나같이 뽀얗고 탄탄한 피부, 군살 없는 몸매 등을 자랑하지요. 이 모두는 건강을 나타내는 초정상 자극들입니다.

하지만 과일주스를 마시는 사람이 진짜 과일을 먹는 사람보다 건강할까요? 건강보조식품을 먹으며 군살을 관리하는 사람이 꾸준히 운동하고 건강한 식습관을 가꾸는 이들만큼 탄탄한 근육과 균형 잡힌 몸매를 갖출 수 있을까요? 삶이 버거운 순간, SNS 친구들이 보내주는 '좋아요'가 내 곁의 부모, 형제, 친구가 어깨를 다독이며 보내는 위로보다 더 큰 힘이 될까요?

가짜는 아무리 매력적이라 해도 결국 가짜일 뿐입니다. 가짜가 주는 만족도 결국은 가짜일 뿐입니다. 영화 〈매트릭스〉의 주인공 네오가 편안한 가상현실을 탈출하여 살벌하고 우울한 진짜 세계로 돌아가려 하는 데는 분명한 이유가 있어요. 진짜 사과는 사과주스보다 달지 않은데도 더 비쌉니다. 품질과 완성도만 따진다면 규격화되어 생산되는 기성품보다 수제 명품이 못한 경우도 많은데, 그럼에도 수제 명품은 대량 생산된 제품보다 훨씬 비쌉니다. 진짜만이 줄 수 있는 감성과 고유함genuine은 여전히 드물뿐더러, 이는 어떤 경우에도 흉내 낼 수도, 복제할 수도 없기 때문입니다. 예컨대, 나폴레옹이 썼다는 모자를 똑같이 만들어 수없이 퍼트려도 나폴레옹이 쓴 모자라는 감동은 오직 원본에만 담겨 있을 뿐이지요.

보드리야르는 2007년에 죽었습니다. 그는, 인류 문명은 진짜보다 나은 가짜, 시뮬라크르의 세계에서 벗어나지 못하리라 예언했습니다. 바야흐로 가짜가 진짜보다 매력적이며 싸고 효율적인 시뮬라크르의 시대입니다. 하지만 디지털 음원이 훨씬 음질이 좋음에도 희귀 LP판의 가격이 천정부지로 치솟는 이유를 생각해보기 바랍니다. 미래를 대비하는 길은 오히려 아날로그적 감성을 살리고 지키는 데 있을지도 모릅니다.

영상 시대, 이미지에 휘둘리지 않는 법
발터 베냐민

> 사진은 '눈에 보이는 것이 진짜'라는
> 우리의 믿음을 교묘하게 이용한다.

윈스턴 처칠은 기분이 좋지 않았습니다. 사진 찍기 싫다는 데도 사진사가 자꾸 카메라를 들이댄 데다가, 좋아하는 시거까지도 빼앗아버렸기 때문입니다. 그가 화를 낼 때도 사진사는 그 순간을 놓치지 않고 셔터를 눌렀습니다. 이렇게 찍은 처칠의 사진은 '나치에 대한 영국의 분노'를 상징하는 사진으로 널리 퍼졌다고 합니다.

히틀러의 사진사도 영리한 사람이었나 봅니다. 인물의 턱 쪽을 가깝게 하여 사진을 찍으면 얼굴 윤곽이 뚜렷해 보이지요. 게다가 남자의 튀어나온 목젖은 강건한 인상을 주는데, 얼굴에 그늘을 드리워주면 카리스마 넘치는 분위기마저 풍깁니다. 여기에 눈가에 강한 조명까지 비추면 눈빛이 형형하게 살아납니다. 히틀러의 강인한 이미지는 이렇게 만들어졌습니다.

히틀러는 여기서 한 발 더 나아갔습니다. 어느 사진작가가 편안하게 이야기를 나누던 히틀러를 카메라에 담았는데, 사진을 본 히틀러는 고개를 가로저었다고 합니다. 도무지 자기 같지 않다고 말이지요. 히틀러 자신도 어느 순간 강인한 이미지의 사진이 진짜 자기 모습이라고 믿었던 탓입니다. 이처럼 잘 찍은 사진은 한 사람의 성격마저도 바꾸어버립니다.

사진은 정직하고 솔직하다고 여겨지지요. 눈에 보이는 모습을 그대로 담아 드러내기 때문입니다. 그렇기에 사진은 사람들을 속여먹는 데도 널리 쓰입니다. 원래 사기꾼은 순진한 인상을 하고 있기 마련입니다. 왜 햄버거와 탄산음료 선전은 날씬한 모델들이 할까요? 인스턴트 음식을 많이 먹는 사람이 날씬하기는 쉽지 않아요. 그런데도 사람들은 광고를 의심하지 않고 햄버거와 탄산음료를 젊음과 발랄함을 나타내는 음식으로 받아들이곤 합니다.

세제洗劑 광고 이미지도 다르지 않습니다. 화면 속에서는 행복한 표정의 가정주부가 세탁기를 돌리곤 합니다. 광고에 나오는 세제를 쓰기만 하면 고된 집안일이 행복한 작업으로 바뀔까요? 물론 그럴 리가 없지요. 하지만 사람들은 광고 이미지를 의심하지 않습니다. 사진은 '눈에 보이는 것이 진짜'라는 우리의 믿음을 교묘하게 이용하는 셈입니다.

게다가 사진은 민주주의와 궁합이 잘 맞기까지 합니다. 발터 베냐민Walter Benjamin(1892~1940)은 『기술복제시대의 예술작품』이라는 책에서 사진의 특징을 그림에 견주어 설명합니다. 그림을 그리는 데는 돈이 많이 듭니다. 전시되는 공간도 미술관, 귀족의 저택 등 접근하기 쉽지 않은 곳이지요. 반면, 사진을 찍는 데는 큰돈이 들지 않습니다. 게다가 쉽게 복사할 수 있어서 여러 곳에 내걸 수 있지요. 많은 이들에게 공평하게 기회를 주는 것이 민주주의라면, 사진은 모두에게 골고루 이미지를 만들고 전시할 기회를 준다는 점에서 평등한 매체입니다.

하지만 사진과 영화는 사람들을 선동하는 데에도 요긴하게 쓰여왔습니다. 사진의 의미는 그에 대한 설명에 휘둘리기 때문입니다. 감상자들이 사진 찍을 당시의 분위기를 알기는 어렵습니다. 그냥 찡그린 얼굴 사진일 뿐인데도, 이에 '분노하는 시민'이라는 제목을 붙여놓으면 어떤 비장함이 느껴집니다. 영화도 마찬가지입니다. 찡그린 얼굴, 불타는 거리, 군대 행진 장면을 이어서 보여주면 무엇이 떠오르나요? 서로 상관없는 세 장면을 모아 함께 보여주면 전혀 다른 메시지가 만들어집니다. 사진과 영화가 무서운 이유이지요.

그렇다면 이미지 조작을 일으키는 사진과 영상을 경계하고 조심해야 할까요? 현실에서는 그렇게 조심하는 모습을 보기 어렵습니다. 사회는 되레 실제보다 이미지를 더 중요하게 여기는 분위기로 흘러갑니다. 실제 순간은 지나가기 마련이지만 사진과 영상은 영원히 남지요. 따라서 사람들은 눈앞에서 벌어지는 일보다 사진과 영상이 잘 나오게 하는 데 더 신경 쓰곤 합니다. 결혼식에서 예식 자체보다 사진 찍는 시간이 더 길어진 지도 꽤 오래되었어요. 그런데도 이를 이상하게 여기는 사람은 많지 않습니다. 심지어 유명인사들은 사진과 영상에 멋있게 나오기 위해 장면을 '연출'하는 일도 흔하게 벌이곤 합니다.

이런 분위기는 평범한 사람들의 일상에까지 영향을 미치고 있습니다. 누구나 휴대폰 카메라로 아무 데서나 원하는 때에 영상을 남길 수 있는 시대입니다. 꽃단장하고 찍는 프로필 사진은 이제 더 이상 연예인들의 전유물만은 아닙니다. 이런 상태에서 우리가 과연 건강한 정신을 지킬 수 있을까요? 영혼이 튼튼한 사람은 있는 그대로의 자기 모습을 똑바로 바라볼 줄 압니다. 그러나 마음이 병든 자들은 부풀려진 자기 이미지를 진짜라고 믿지요. 그래서 늘 상상 속 자기 이미지에 못 미치는 현재 상태가 불만스럽기만 합니다.

이미지를 실제만큼이나 중요하게 여기는 우리의 문화는 어떠한가요? 아무리 잘 찍은 사진이라도 나의 실제 모습에 견주면 가짜에 지나지 않습니다. 사진이 곧 내가 될 수는 없는 법이니까요. 베냐민의 『기술복제시대의 예술작품』은 사진과 영화를 이야기할 때면 꼭 다루어지는 고전입니다. 기술 복제 예술은 이제 텔레비전, 인터넷 동영상 등으로 더욱 확장되었습니다. 1940년에 죽은 베냐민이 지금의 인터넷 동영상을 본다면 뭐라고 말할까요? 『기술복제시대의 예술작품』이 던지는 생각거리는 여전히 현재진행형입니다.

민주주의는 산만형 인간을 원한다
매기 잭슨

다수의 의견은 때로 뛰어난 몇몇의 결정보다 현명하다.

산만형 인간distressed people. 미국의 언론학자 매기 잭슨Maggie Jackson (1960~)이 현대인을 일컫는 표현입니다. 이는 우리 모습에 딱 들어맞아요. 우리는 스스로를 부산하게 만들지요. 귀에는 이어폰을 꼽고 휴대폰은 꼭 손 닿는 곳에 두고 일을 합니다. 모니터를 보며 밥을 먹거나 공부하는 모습도 낯선 풍경이 아닙니다. 한 가지 일에 집중하지 못하는 모습은 현대인이라면 누구나 조금씩 보이는 증상이라 하겠습니다.

정보의 양이 많아지면 이해의 깊이는 얕아지기 마련인데요, 길게 고민하며 매달릴 여유가 없는 탓입니다. 미국의 언론학자 매기 잭슨은 인류 문명은 이 때문에 무너지고 있다고 주장합니다.

수학이나 과학에서 업적을 이루려면 엄청난 집중력이 필요합니다. 수준 높은 글을 읽고 쓸 때도 마찬가지이지요. 그러나 우리에게 과연 차분하게 집중력을 기를 틈이 있던가요? 세상의 변화 속도를 따르기만도 벅찹니다. 게다가 몇 분만 정신을 집중해 인터넷을 뒤져보면 필요한 정보를 산더미같이 캐낼 수 있어요. 이런 상황에서는 오랫동안 집중하며 연구에 매달리는 이들이 줄어들 수밖에 없습니다.

인간관계도 마찬가지입니다. 관계를 꾸려가는 데는 엄청난 집중력이 필요하지요. 상대방에게 관심을 기울이고 상대의 기분과 마음을 끊임없이 살펴야 합니다. 반면, 메신저와 휴대폰 문자메시지에서는 그럴 필요가 없어요. 다른 일을 하면서 메신저 대화창을 열어놓는 사람들이 어디 한둘이던가요? 말을 걸어와도 귀찮으면 대꾸하지 않아도 되지요. 나중에 바빴다고 핑계 대면 그만일 테니까요. 그러니 진득한 관계가 맺어질 리도 없지요. 숱한 사람들을 만나도 깊은 사이는 별로 없는 이유입니다. 정보는 넘치나 이를 의미 있게 만들어낼 능력은 없고, 인간관계는 넓지만 마음 기댈 친구는 별로 없는 꼴입니다. 이런 사회가 건강할 수 있을까요?

나아가 우리는 행복을 느낄 능력마저 잃어버리고 있습니다. 산만하게 얻은 기쁨은 얼마 못 가 스러져버립니다. 게임을 했을 때의 짜릿함은 하루 종일 이어지지 않는데요, 깊은 행복감을 느끼려면 끈기 있게 집중할 줄 알아야 합니다. 긴 연습을 견뎌 내야만 피아노 연주의 진정한 즐거움을 맛볼 수 있는 것처럼 말이지요.

일본의 경영 컨설턴트인 오마에 겐이치大前研一에 따르면 요새 젊은이들이 '소확행small happiness', 즉 '소소하지만 확실한 행복'에 매달리는 까닭도 여기에 있습니다. 야망을 이루려면 큰 노력이 필요합니다. 하지만 이미 많은 것들이 안정된 사회에서 크게 벌어진 지위와 재산의 격차가 쉽게 좁혀지지 않아요. 원하는 바를 이루어내려면 더더욱 치열하게 살아야 하지만, 꾸준히 의지를 품고 나아가기가 어렵습니다. 결국 큰 꿈과 포부는 자신과 상관없는 것, 현실성 없는 것으로 내치게 되지요. 그럴수록 삶은 성장을 멈추고 자잘한 즐거움, 소확행에 매달려 하루하루를 보내게 됩니다.

여기까지만 들으면 인류의 미래는 아주 어두워 보입니다. 그러나 꼭 그렇지만은 않습니다. 옛날 그리스 아테네에는 매년 시민들이 나라에 해를 끼치는 사람의 이름을 도자기 조각에 적어서 내는 '도편추방ostracism' 제도가 있었습니다. 6,000명 이상이 지목한 사람은 10년 동안 나라 밖으로 추방을 당했습니다.

언뜻 보면 대단히 불합리한 제도 같습니다. 엉뚱하게도 가장 유능하고 우수한 자들이 질투를 사서 아테네 밖으로 쫓겨나는 경우가 적지 않았기 때문입니다. 그럼에도 니체 같은 철학자들은 도편추방을 아주 훌륭한 제도라고 칭찬하곤 했어요. 그 이유는 무엇일까요?

너무 잘난 사람이 있으면 소시민들은 제 말을 다 하지 못합니다. 뛰어난 자의 생각에 비하면 자신들의 생각은 보잘것없다고 느끼기 때문입니다. 반면, 모두가 고만고만한 수준이라면 어떨까요? 여기저기에서 목소리가 높아지며 다양한 의견이 나오기 마련이지요. 그러다 보면 기발하고 뛰어난 생각도 튀어나올 겁니다. 민주주의는 그러면서 발전하지요. 도편추방제는 보통 사람들이 자유롭게 생각을 펼치도록 사회 엘리트들의 입을 다물게 만드는 공학적 정치제도인 셈입니다.

'다수의 의견이 모이면 뛰어난 몇몇 사람의 결정보다 현명한 판단이 된다.' 민주주의는 이런 믿음 위에 뿌리내리고 있습니다. 아테네 시민들 가운데는 글자를 읽지 못하는 이들도 적지 않았지만, 그들은 시장통에 모여 쑥떡이며 여론을 만들어갔고, 이렇게 만들어진 여론은 뛰어난 몇몇의 의견보다 적절한 경우가 많았습니다.

지금의 산만형 인간들은 어떨까요? 이들도 아테네 시민들만큼 와자하게 떠들어댑니다. 인터넷 게시판에서는 누구나 평등하게 의견을 펼칠 수 있기에 권력을 쥔 자라 해서 유리할 것도 없지요. 민주주의란 원래 특별할 게 없는 자들이 모여서 사회를 이끌어나가는 제도입니다. 한 사람 한 사람은 보잘것없어도, 모두 모이면 위대한 집단 지성collective intelligence이 태어나기 마련입니다. 어찌 보면 산만형 인간은 민주주의와 잘 어울리는 인간형입니다. 이들은 자신들의 부족함을 여러 사람들이 토해놓는 정보를 통해 채워갈 줄 알지요. 아테네 사람들이 대화를 통해서 부족한 지식을 메꾸어나갔듯 말입니다.

하지만 아테네 민주주의는 결국 무너지고 말았습니다. 힘 쓰는 일을 기계에 맡기면 근육이 약해지기 마련이듯 생각도 마찬가지입니다. 사람들의 말잔치 속에서 괜찮은 생각만 추려내려다 보면 어느덧 두뇌는 흐물흐물해집니다. 논리는 흐리멍덩해지고 애먼 감정에 휘둘리게 된다는 뜻이지요. 아테네 시민들은 스스로 판단하는 법을 잊어버린 채 군중심리에 휘둘려 포퓰리즘의 나락으로 추락해버렸습니다.

지금의 산만형 인간들은 어떨까요? 인터넷에 떠도는 정보들은 가치나 정확도에 따라 순위가 매겨지지 않아요. 그럼에도 산만형 인간들은 아무 생각 없이 가장 많은 이들이 검색한 의견에 이끌리곤 하지요. 우리의 시선을 잡아끄는 기술도 점점 고도화되고 있습니다. 반면에 스스로 생각하는 우리의 힘은 점점 약해져만 갑니다. 우리는 야심가들이 유혹하는 소리에 휘둘리던 아테네 사람들과 얼마나 다르게 살고 있을까요?

인터넷의 발달은 이제 돌이킬 수 없습니다. 광고 기법이나 주의를 잡아끄는 기술의 발전도 멈출 수 없지요. 산만형 인간은 정해진 인류의 미래에 가깝습니다. 그렇다면 우리 사회가 아테네 민주주의같이 허물어지지 않으려면 어떻게 해야 할까요? 산만함이라는 불완전함을 통해 꾸려지는 집단 지성의 한계와 가능성에 대해 고민해볼 때입니다.

규율 권력, 세상은 감옥이다

미셸 푸코

우리는 행복한 감시국가에 산다.

중국의 톈왕天網 공정은 인공지능으로 작동하고 네트워크로 연결된 감시카메라망을 만드는 사업을 말합니다. 이에 더해 중국 정부는 2015년부터 쉐량雪浪 공정을 시작했는데, 이는 시골 마을에까지 인공지능 감시카메라망을 구축하는 사업입니다. 나라 곳곳을 안면인식, 화상인식을 통해 물 샐 틈 없이 살피겠다는 의지가 느껴집니다.

게다가 중국의 네트워크안전법 제28조는 "네트워크 운영자는 공안기관과 국가안전기관이 법에 따라 국가의 안정을 보호하고 범죄를 수사하는 활동에 기술적 지원과 협력을 해야 한다"라고 규정합니다. 국가 안보를 위해서 인민들의 사생활을 낱낱이 고해바치라는 의미로 다가오지요. 하지만 글로벌 여론조사업체 입소스Ipsos가 진행한 2019년 〈세계가 걱정하는 것에 대한 조사What Worries the World Study〉 결과에 따르면, 정작 중국 인민들은 이런 현실에 별로 불만이 없다고 합니다. 오히려 조사 대상자의 94퍼센트가 중국이 "바르고 예측 가능한 사회"로 발전하고 있다며 환영했다고 하지요. 그 이유는 무엇일까요?

생각해보면 우리 현실도 중국과 크게 다르지 않습니다. 치안을 위해 CCTV를 늘려달라는 목소리는 지금도 곳곳에서 들려옵니다. 이른바 'K-방역'도 시민들의 일상을 꼼꼼히 관리하는 망이 없었다면 가능하지 않았을 터입니다. 사생활 침해에 따른 손해보다 생활이 안전해지고 편리함이 가져다주는 이익이 클 때, 사람들은 감시를 기꺼이 받아들입니다. 그래서 가지타니 가이梶谷懷 같은 일본 학자들은 중국을 가리켜 '행복한 감시국가'라 부르기도 합니다.

정도의 차이만 있을 뿐 선진국들도 점점 행복한 감시국가로 바뀌어가고 있는 듯싶습니다. 1970년대 프랑스의 철학자 미셸 푸코Michel Foucault(1926~1984)는 책 『감시와 처벌』에서 이러한 현실을 예측했지요. 그에 따르면, 과거의 권력자들은 '화려한 신체형'을 통해 자신의 힘을 드러내곤 했습니다. 잔혹하게 고문을 하거나 사지를 찢어 죽이는 등의 공개처형을 통해 사람들을 겁박하는 식이었지요. 백성들이 겁을 먹고 자신의 지배에 순순히 따르도록 하기 위함이었습니다.

하지만 이런 방법은 권력자에게도 위험했습니다. 시민들이 권력자를 마뜩잖게 생각하고 있었다면 어떨까요? 부글부글 끓는 화를 누르며 반란을 일으킬 구실을 찾고 있었다면요? 잔인한 공개처형은 되레 권력에 맞서는 시민혁명으로 이어질 수 있습니다. 그래서 프랑스대혁명 이후 화려한 신체형은 유럽에서 점점 사라지게 됩니다. 대신 권력자들은 훨씬 교묘하게 사람들을 다스리기 시작하는데요, 이른바 '규율 권력'을 통해 시민들을 길들이려 합니다.

가령 감옥에서는 죄수의 일과가 촘촘하게 짜여 있습니다. 몇 시에 일어나서 몇 시까지 아침 식사를 마쳐야 하는지, 작업장에는 몇 시에 도착해서 어떻게 일해야 하는지가 철저하게 정해져 있지요. 일을 마치고 잠자리에 들 때까지, 해야할 일과 하지 말아야 할 행동이 섬세하게 규율로 만들어져 있습니다. 만약 이를 어긴다면 당연히 마땅한 처벌을 받을 것이고요.

그런데 누군가 권력자에게 불만을 터뜨린다면 어떻게 될까요? 그는 더 이상 권력에 맞섰다는 이유로 보복당하지는 않습니다. 다만, 정숙함을 유지하라는 규칙을 어기고 큰소리를 냈고, 작업장에서 제대로 일하라는 규정에서 벗어났다는 이유로 처벌받을 뿐입니다. 규칙들 하나하나는 질서를 지키고 공동체 생활을 잘 꾸리기 위해 마땅히 따라야 할 것들입니다. 큰소리를 내고 작업을 어렵게 했다는 이유로 내려지는 처벌에 부당하다고 항의하기란 쉽지 않습니다. 이렇듯 규율은 감옥에서처럼 학교, 병원, 군대 등 근대사회의 거의 모든 기관에서 사람들의 일거수일투족을 철저하게 관리하며 통제합니다. 푸코가 현대사회를 지배하는 힘을 '규율권력'이라 부르는 이유가 여기에 있습니다.

그래도 감시에는 한계가 있기 마련입니다. 시민들 모두가 규율을 제대로 지키는지 아닌지를 권력이 낱낱이 살피기란 어려운 일입니다. 그래서 권력은 사람들이 스스로 눈치를 보며 조심하도록 만들지요. 푸코는 잘 알려진 '판옵티콘 panopticon'을 예로 들어 설명합니다. 판옵티콘은 제러미 벤담 Jeremy Bentham이 설계한 감옥 구조입니다. 원형의 감옥에는 둥근 벽을 따라 감방들이 늘어서 있고, 중앙에는 감시탑이 있지요. 감방은 밝고 감시탑은 어둡습니다. 감시탑에서는 한 번 둘러보기만 해도 죄수들의 움직임을 낱낱이 살필 수 있지만, 죄수들로서는 교도관이 자신을 보고 있는지 아닌지 알 길이 없습니다. 그러니 알아서 조심할 수밖에 없겠지요.

현대 정보사회는 우리가 사는 세상 전체를 판옵티콘으로 만들어버렸습니다. 마음만 먹으면 권력은 카드 사용 내역, 통화 기록, 접속한 사이트 등을 조회하여 나의 생활을 오롯이 들여다볼 수 있어요. 반면, 시민들로서는 자신의 정보를 언제, 누가, 어떻게 들여다보는지 알기 어렵습니다. 그러니 문제가 생기지 않도록 조심하고 또 조심하게 되지요.

이렇듯 규율 권력은 감시를 통해 우리 삶을 철저하게 옥죄어가고 있습니다. 그런데도 이 문제에 대해 걱정하는 목소리는 생각보다 크지 않습니다. 사실, 선을 넘지 않는 수준에서 착하고 성실하게 산다면, 그리고 권력자들이 개인 정보를 악용하지 않도록 시민사회가 눈을 부릅뜨고 있다면, 규율로 통제되는 감시사회만큼 안전하고 편안한 곳도 없는 까닭입니다. 감시와 통제 기술이 발전할수록 사회는 점점 더 안전하고 예측 가능한 사회로 바뀌어갑니다. 그런 한편, 우리의 삶은 편안한 고급 감옥에 갇힌 죄수의 생활처럼 변해가고 있는 것은 아닐까요? 규율 권력에 대해 푸코가 던지는 물음표를 곰곰이 생각해볼 때입니다.

다중, 인터넷 시대의 권력자
네그리와 하트

다중은 이전에 없던 세계를 열어간다.

이탈리아의 진보적 지식인인 안토니오 네그리Antonio Negri(1933~)와 미국의 정치학자 마이클 하트Michael Hardt(1960~)는 흔히 네그리·하트라 불립니다. 두 사람은 2000년『제국』을 시작으로『다중』,『공동체』, 그리고 2017년『어셈블리』에 이르기까지 민주주의의 미래를 설명하는 중요한 저작을 함께 펴냈습니다. 그들은 민주주의의 앞날에 대해 어떻게 생각하고 있을까요?

　　네그리·하트는 18세기에 뿌리를 내린 대의제와 삼권분립은 이미 수명을 다했다고 잘라 말합니다. 진보건 보수건 일단 권력을 잡고 나면 '기득권'이 되어 민중과 멀어지는 탓이지요. 인민의 이익을 위한다는 사회주의조차도 얼마나 폭력적이고 억압적인지 떠올려보기란 어렵지 않습니다. 그렇다면 그 대안은 무엇일까요?

네그리·하트는 21세기형 직접민주주의를 제안합니다. 이른바 다중多衆, multiplicity이 지배하는 새로운 정치 모델이지요. 다중이란 계급에 따른 개념도 아니고 군중도 아닙니다. 계급에는 '진영 논리'가 숨어 있어서 노동자 계급과 자본가 계급 등으로 편을 갈라 서로를 공격합니다. 한편, 군중은 각자의 개성이 사라진 한 덩어리의 사람들입니다. 예컨대, 사람들을 '대한민국 국민', '미국 시민' 등으로 규정할 때는 개개인의 특징이 사라지지요.

반면, 다중 개념 속에는 모든 시민의 개성이 살아 있습니다. 생각도 입장도 뚜렷한 개인들은 사안이 생길 때마다 자유롭게 뭉치고 흩어지며 의견을 냅니다. 네그리·하트는 인터넷 시대의 민주주의는 다중이 이끌어간다고 강조합니다. 예컨대, 사회적으로 민감한 사안이 논의될 때마다 기사와 게시판에는 댓글이 넘쳐납니다. 때에 따라서는 자발적으로 모임이 꾸려지기도 하지요. 이러다 다중의 세력이 커지면, 권력자들을 압박하여 원하는 방향으로 정책을 틀어버리기까지 합니다.

그렇다면 이런 다중을 이끄는 사람은 누구일까요? 네그리·하트에 따르면 다중은 결코 지도자를 허락하지 않습니다. 촛불혁명이라 불리는 한국의 대통령 탄핵 사건을 떠올려보세요. 이 시민운동에서 지도자는 누구였을까요? 태극기부대로 대표되는 '아스팔트 보수'의 리더는 누구로 보아야할까요?

영향력이 큰 인물은 있어도 압도적인 지도자는 없습니다. 만약 절대권력을 휘두르려 하면, 다중은 당장 그 사람을 권좌에서 끌어내려버리니까요. 팩트 체크에 목을 매는 누리꾼들이 어디 한둘이던가요? 단점이 조금이라도 드러나면, 그 어떤 권력자도 버티지 못할 만큼 비난이 쏟아지곤 합니다. 이러한 점에서 다중이 이끄는 세상은 시민 전체의 의견이 사회를 이끄는 직접민주주의라고 할 수 있겠지요.

이쯤에서 '이거 포퓰리즘 아니야?'라는 의문이 생길지 모르겠습니다. 그러나 네그리·하트는 포퓰리즘과 다중이 이끄는 민주주의를 분명하게 구분 짓습니다. 만약 기득권을 위해 무리를 짓는다면 이는 포퓰리즘일 뿐입니다. 다중이 이끄는 민주주의는 '공동의 것the common'을 모두에게 돌려주며 공동체를 회복하려 하지요.

공동의 것이란 인류 모두의 재산을 뜻합니다. 예컨대물, 공기, 천연자원은 누구의 소유도 아니지요. 네그리·하트는 여기서 한 걸음 더 나아갑니다. 인터넷에는 수많은 자료가 떠다니고, SNS에서는 숱한 의견들이 오고 갑니다. 이 밖에도 사람들이 움직이고 활동하는 모든 것들이 빅데이터로쌓입니다. 그렇다면 이 모두는 누구의 것일까요?

네그리·하트는 이 모두가 인류 '공동의 것'이라고 말합니다. 이를 통해 특정 개인이나 집단만 이익을 보아서는 안됩니다. 모두의 것은 모두의 몫으로 돌려주어야 하니까요. 나아가, 하늘 아래 새로운 것은 없습니다. 모든 발명품은 인류가 쌓아온 지혜 위에서 만들어진다는 점에서 사회의 모든생산품은 결국 인류 전체의 것입니다. 그래서 네그리·하트는 인류라는 공동체에 세상의 부를 돌려주어야 한다고 주장합니다. 이쯤 되면 왜 네그리·하트를 '21세기 마르크스'라고하는지 이해가 될 듯싶습니다.

그렇지만 네그리·하트는 "다중에게는 기업가 정신이필요하다"라는 묘한 말을 하기도 합니다. 기업가는 혁신을통해 새로운 가치를 만들어나가는데, 두 사람은 다중도 그래야 한다고 충고합니다. 기존의 사회를 넘어, 이전에 없던 세상을 열어가야 한다고 말이지요.

왕이 지배하는 세상에서는 군주의 마음을 아는 것이 중요합니다. 진영 논리가 판치는 사회에서는 진영의 문법을 헤아리는 것이 처세의 지름길이지요. 다중이 이끄는 민주주의에서는 사람들의 영혼을 채우는 공정함과 정의 같은 '정치적 감정political emotion'을 잘 짚어내야 합니다. 다중을 이기려 하기보다, 다중이 만드는 집단 지성을 존중하라는 뜻입니다.

그렇다면 과연 우리는 다중의 마음을 잘 헤아리고 있을까요? 과거의 편견이나 고집에 사로잡혀 다중을 굴복시키려 하고 있지는 않나요? 다중이 이끄는 세상을 살아가기란 작은 배로 거친 물살을 타고 넘는 일과 비슷합니다. 열린 마음으로 세상의 목소리에 귀 기울일 때입니다.

계몽주의 2.0, 클루지로 이성을 이끌라

조지프 히스

판단의 속도가 느린 곳에서 이성이 잘 작동한다.

인간 두뇌는 분위기를 많이 탑니다. 주변이 와자할 때는 마음이 달뜨고, 조용한 장소에서는 정신이 차분해지지요. 그래서 우리는 집중해야 할 때는 독서실을 찾고, 가라앉은 기분을 바꾸고 싶을 때는 비트 빠른 음악을 듣곤 합니다.

그렇다면 사람들이 합리적으로 생각하고 판단하게 하려면 어떻게 해야 할까요? 제아무리 이성적인 사람이라도 모두가 감정이 달뜬 상황에서는 덩달아 흥분하기 마련인데요, 그래서 캐나다의 철학자 조지프 히스Joseph Heath(1967~)는 '이성이 작동하는 분위기'를 만들라고 충고합니다.

그는 무엇보다 자기 자신을 믿지 말라고 잘라 말합니

다. 다이어트를 하겠다고 굳게 결심했어도 야식의 유혹에 금세 무릎 꿇은 적 한 번쯤은 있을 테지요. 이성으로 욕구를 이겨내기란 여간 어렵지 않습니다. 그래서 히스는 이렇게 말합니다. "합리적으로 행동하도록 '강요'하는 것보다 합리적으로 행동하도록 자신을 '속이는' 편이 더 낫다."

가령 자꾸만 왼쪽으로 가는 코끼리를 오른편으로 가게 하려면 어떻게 해야 할까요? 채찍을 드는 방법은 좋지 않습니다. 이 커다란 짐승이 흥분하면 위험해지니까요. 히스는 왼쪽 방향에 코끼리가 싫어하는 쥐를 놓아두라고 조언하는데, 이렇게 하면 시키지 않아도 코끼리는 오른쪽으로 향하게 될 것입니다. 자신에게 강요하지 말고 자신을 속이라는 말은, 애쓰지 않고도 원하는 방향으로 일이 성사되도록 상황을 설계하라는 뜻입니다.

히스는 이를 '클루지kluge'라는 말로 정리합니다. 클루지는 원래 공학 용어입니다. 모든 상황에서 계산값이 옳게 나오지만 유독 99라는 숫자를 입력할 때만 오류가 나는 프로그램이 있다고 가정해봅시다. 이때, 프로그램을 다시 짜지 않고 99에 대해서만 정해진 값을 내게끔 대충 얼버무리는 작업이 클루지입니다. 즉, 여러 임시방편의 해결책들을 모아 완벽하지 않아도 어떻게든 기능하게끔 하는 시스템을 뜻하지요.

이성적으로 생각하고 따지는 일은 무척 힘들고 어렵습니다. 밥 먹으면서 영화를 볼 수는 있어도 식사하면서 어려운 수학 문제를 풀기는 거의 불가능합니다. 추리와 논증은 집중력이 필요하기 때문입니다. 마찬가지로 감정은 훈련하지 않아도 그냥 느껴지지만, 합리적으로 사고하는 능력은 저절로 길러지지 않습니다.

18세기 계몽주의자들은 인간의 이성을 "완벽하게 자유롭고 자율적인 삶을 영위하게끔 이끌어주는, 우리 영혼의 가장 신성한 불꽃이자 제일 순수한 부분"으로 보았어요. 하지만 계몽주의는 결국 프랑스혁명 때 거대한 변화와 함께 엄청난 혼란과 참극을 낳았습니다. 히스는 그 이유를 계몽주의자들이 "합리성은 본질적으로 집단 프로젝트"라는 점을 놓쳤다는 사실에서 찾습니다.

논리적으로 따지고 생각하는 일은 공력이 많이 듭니다. 그래서 사람들은 줄곧 성급하게 판단하고, 편견에 휩싸여 거칠게 일을 몰아붙여요. 프랑스대혁명이 이성을 앞세웠지만, 결국 세상을 폭력으로 물들였던 이유도 여기에 있습니다. 현대 문명도 프랑스대혁명 때와 별다를 게 없는 듯합니다. 여러 상업 광고들을 떠올려보세요. 사람들이 생각할 틈을 주지 않고, 감정을 흔들어 이내 성급하게 구매 결정을 내리도록 이끌지 않던가요? 정치도 다르지 않습니다. 현대의 정치는 감성에 호소하지, 이성적인 설득에 매달리지 않습니다. 이런 상황에서 사회는 결국 포퓰리즘의 늪에 빠져들 뿐이지요. 그래서 히스는 이성이 제대로 작동하도록 '계몽주의 2.0'을 내세웁니다.

> 개인으로서는 자신의 가설이나 믿음이 통하지 '않을 경우'를 생각하기가 매우 힘들다. '내 생각이 틀렸다면?'이라는 물음은 자연스럽게 떠오르는 것이 아니므로, 그렇게 해주는 누군가가 있어야 내 생각이 편향되었을 때 이를 바로잡기 쉽다. 내 편향을 지적하는 게 목적인 사람들이 주변에 있다는 것은 단지 잘못된 생각만 교정해주는 게 아니라, 나 스스로는 하기 어려운 방식으로 생각하도록 이끌어준다.
>
> (조지프 히스, 김승진 옮김, 『계몽주의 2.0』, 이마, 2017 중에서)

이 말속에 계몽주의 2.0의 핵심이 담겨 있습니다. 이성이 작동하기 위해서는 판단의 속도를 늦추어야 하지요. 의회를 하원과 상원으로 나누어 결정 과정을 길게 만드는 나라들이 많은 이유도 여기에 있습니다. 나아가 히스는 정치 관련 보도에서는 "정치가들의 발언을 1분보다 짧게 잘라 반복해서 방영할 수 없게 하는 제도를 만들라"라고 제안하기도 합니다. 사람들이 감정적인 호소에 휘둘리지 않고, 이성적으로 판단할 수 있도록 시간을 내어주는 일종의 임시방편인 '클루지'를 만들라는 조언이지요.

문명은 우리 안의 비이성적인 측면과 야만성을 다스리며 성장해갑니다. 이성을 무용지물로 만드는 '감성 공학'이 고도로 발달한 현대사회에서, 계몽주의 2.0은 인류사회를 합리적으로 재구성할 방안으로 여겨집니다. 선거철이 다가올 때마다 계몽주의의 이상을 클루지를 통해 되살리자는 히스의 주장을 꼼꼼히 살펴보았으면 합니다.

3장

서사가 살아야 한다

삶의 무의미를 이겨내는 스토리텔링의 힘

스토리, 정치 분란의 뿌리

조너선 갓셜

선악의 대결 이야기에 빠져드는 본능을 이겨내라.

세상은 점점 분열되고 있습니다. 보수와 진보, 가진 자와 못 가진 자, 자유주의와 전체주의 등으로 말이지요. 둘로 나누어진 진영 사이에는 거칠고 경멸 섞인 말들이 오가고 이들 사이의 타협과 화해는 좀처럼 가능해 보이지 않습니다. 이런 모습은 세계적인 현상인데요, 왜 이토록 세상은 날카롭게 갈라져 우리는 서로 싸우게 되었을까요?

진화론에 근거한 과학적 인문학운동을 펼치는 조너선 갓셜Jonathan Gottshall(1972~)은 그 이유를 다음과 같이 설명합니다. 극단적으로 생각이 다른 사람들이 만나서 대화한다고 가정해봅시다. 어떤 결론이 맺어질까요? 아마도 양쪽 의견의 중간쯤에서 타협이 이루어질 가능성이 큽니다. 반면, 한 쪽 의견을 가진 자들끼리만 모여 이야기를 나눌 때는 논의 가 다른 방향으로 흘러가는데 대부분은 한층 더 과격한 결 론으로 치닫고 말지요. "우리 너무 나간 거 아니에요?"라는 식의 조심스러움은 밀려나버리고 "이 정도로는 안 됩니다. 더 확실하게 나가야 해요"라는 강경한 주장이 힘을 얻습니 다. 같은 입장을 가진 이들끼리의 대화는 이렇듯 극단적인 방향으로 나아갑니다. 이를 지칭하는 '집단 양극화의 법칙 the law of group polarization'이라는 용어가 따로 있을 정도이지요.

조너선 갓설에 따르면, SNS와 유튜브 등은 정치적인 논 쟁을 대부분 타협보다는 대결로 흐르게 합니다. 사람들은 상대의 말을 듣기보다 귀에 이어폰을 끼고 있고, 상대의 눈 을 바라보기보다 동영상 화면에 시선을 꽂고 있어요. 검색 을 통해 자기와 똑같은 입장을 가진 이들의 주장만 듣고, 추 천 영상을 통해 자신의 비위에 맞는 내용들만 거듭해서 보 고 또 보고 있는 꼴입니다. 이러니 다른 생각과 입장을 헤아 릴 기회가 별로 없지요. 갓설은 도널드 트럼프가 당선되었 던 2016년 미국의 대선을 예시로 듭니다. 선거 결과를 두고 한쪽 진영에서는 민주주의가 포퓰리즘의 나락으로 떨어졌다며 긴 한숨을 쉬었지만, 다른 한편에서는 미국 민주주의의 마지막 희망을 보았다며 환호했습니다. 똑같은 상황을 겪으면서도 해석과 생각은 극단적으로 갈린 셈입니다. 이런 상황은 전 세계 어디서나 비슷하게 벌어지고 있는데요, 우리의 처지도 별다르지 않은 듯싶습니다. 그렇다면 이렇듯 격렬해지는 갈등과 반목을 누그러뜨릴 방법은 없을까요?

조너선 갓셜은 예전에는 어떤 사회이건 구성원들을 하나로 묶어주는 이야기가 있었다고 말합니다. 예컨대 미국인들의 가슴에는 누구나 받아들이는 '조국祖國의 스토리'가 있습니다. '미국은 자유를 찾아 떠나온 사람들이 세운 이민자의 나라다. 모든 사람은 평등한 기회를 누리며 우리는 프론티어 정신으로 역사를 개척해왔다. 우리는 자유와 평등의 가치를 세상에 심기 위해 노력하는 정의로운 국민이다.' 시민 모두가 믿는 이러한 국가적 서사敍事는 갈등을 풀어내고 힘을 합치도록 중심을 잡아주곤 했지요. 그렇다면 점점 심해지는 분열과 갈등을 막기 위해 구심점이 되는 옛이야기들을 더욱 널리 알려서 우리의 서사를 확고히 해야 하지 않을까요? 실제로 역사 교육을 튼실하게 해야 사회를 하나로 단단하게 묶을 수 있다고 주장하는 이들도 적지 않습니다.

하지만 갓셜은 이런 주장에 강하게 반대합니다. 이야기의 효용을 너무 잘 알고 이용했던 자들 가운데는 히틀러도 있었습니다. 그는 '교활한 유대인들의 수작에 말려들어 고통을 받아왔던 고귀한 아리안족이 다시 영광을 되찾아야 한다'라는 국가적 신화를 만들어 독일인의 마음을 사로잡았습니다. 그 결과가 세상에 어떤 재앙을 가져왔는지를 우리는 너무도 잘 알고 있어요. 사실, 이야기에는 증오와 혐오를 낳는 독이 있습니다. 선사시대부터 인류는 다음과 같은 구조로 짜인 스토리에 강하게 끌렸습니다. '세상에는 착한 사람들과 나쁜 놈들이 있다. 나쁜 놈들은 자기밖에 모르며 착한 이들을 이용하고 못살게 군다. 반면, 착한 사람들은 서로를 배려하며 희생할 줄 안다. 결국 착한 쪽은 힘을 합쳐 강하고 못된 자들을 몰아내어 정의로운 세상을 만든다.'

어디선가 들어봄 직한 이야기일 겁니다. 사실, 이런 스토리 구조는 건국 신화에서부터 영웅, 종교의 성자, 나아가 할리우드 영화 속 주인공에 이르기까지 널리 퍼져 있을 만큼 인기가 있습니다. 스토리의 중심에는 '적에 맞서서 단결하고 집단을 위해 헌신하는 사람이 좋다'라는 교훈이 담겨 있지요. 역사적으로 이런 이야기가 널리 받아들여졌던 집단이 경쟁에서 살아남았고, 우리는 그들의 후손입니다. 그래서 우리 본능에는 이런 스토리 구조를 좋아하는 본성이 심어져 있어요. 하지만 갓설은 그렇기에 이런 스토리를 애써 멀리해야 한다고 말합니다. 이야기 구조를 만들려면 착한 우리에 맞서는 나쁘고 악한 무리가 있어야 하니까요. 그래야 우리가 세상의 정의를 이루어내는 영웅으로 거듭날 수 있겠지요. 이처럼 국가적인 서사는 은연중에 증오하고 혐오해야 할 적들을 계속해서 만들어내곤 합니다.

갓설은 인류가 분열에서 벗어나려면 선악의 대결 이야기에 빠져드는 본능을 이겨내야 한다고 주장합니다. 그는 무엇이 사실인지를 분명하게 확인하고 합리적인 근거가 있는 주장만을 인정하는 과학적 사고가 이야기를 대신해야 한다고 거듭해서 강조하지요. 21세기는 과학의 시대입니다. 그런데도 여전히 선악의 구도로 짜인 이야기의 끌림에서 벗어나지 못하는 이유는 무엇일까요? 우리 안에 새겨진 이야기 본능에 대해 생각해볼 때입니다.

그대 삶의 원형은 무엇입니까?

카를 융

우리의 무의식 속에 삶의 소명이 있다.

영국과의 백년전쟁에서 프랑스를 구한 잔 다르크는 평범한 시골 소녀였습니다. 교육도 거의 받지 못했음에도 프랑스의 샤를 왕세자는 그녀에게 군대를 내주었습니다. 잔 다르크는 엄청난 카리스마로 군인들을 지휘하여 큰 승리를 거두었지요. 그녀의 성공은 어디에서 비롯되었을까요?

기록에 따르면, 그녀는 열세 살 때부터 프랑스 왕을 구하라는 신의 계시를 들었다고 합니다. 소명을 실천해야 한다는 사명감은 잔 다르크를 강하게 만들었고, 주변의 장병들도 그녀의 확신에 전염되었습니다. 지도자들은 자신의 논리 속에 역사적 사명, 신의 의지, 우주의 순리 등등을 끌어들여 사람들을 설득하곤 합니다. 이런 표현들이 빈말만은 아닌데요, 반드시 실현해야 할 거대한 운명이 있다는 사실 앞에서 인간의 무의식은 절로 고개를 숙이기 때문입니다.

스위스의 심리학자 카를 융Carl Jung (1875~1961)은 이러한 마음의 성향을 빛에 빗대어 설명합니다. 눈으로 볼 수 있는 가시광선이 빛의 전부는 아닙니다. 적색 밖에 있는 적외선과 보라색 밖에 있는 자외선은 세상에 끊임없이 영향을 끼칩니다. 우리가 직접 볼 수 없어도 말이지요.

융은 본능과 '영적인 무엇'이 적외선과 자외선과 같다고 풀이합니다. 의식하기 어려워도 본능과 영적인 무엇이 우리 삶을 쥐고 흔든다는 뜻입니다. 아무리 이성적으로 처신하려 해도, 꿈틀거리는 욕망과 본능은 우리의 정신을 흐트러뜨리곤 하지요. '영적인 무엇'도 다르지 않습니다. 융에 따르면, 과학적으로는 밝혀내지 못한다 해도 이는 우리 일상의 주요한 부분을 차지합니다.

우리는 과학의 시대를 살고 있습니다. 그런데도 사람들이 즐기는 게임과 영화에는 중세의 마법사, 악귀와 싸우는 기사의 모험담 등등이 줄곧 등장합니다. 중요한 일을 앞두고 점집을 찾거나 미신에 기대는 사람들도 적지 않지요. 그 이유는 무엇일까요?

카를 융에 따르면, '영적인 무엇'은 진화에 밀려 사라져야 할 꼬리뼈와 같은 것이 아닙니다. 그는 사람들이 믿고 따르는 심리적 현실이 객관적인 현실보다 중요하다고 힘주어 말합니다. 이것이 사람들의 행동에 실제로 영향을 끼치며 변화를 이끄는 까닭이지요. 한 사람만 '영적인 무엇'에 기대고 있다면, 이는 치료해야 할 망상일 뿐입니다. 하지만 많은 이들이 '영적인 무엇'에 의지하며 이에 따라 움직인다면, 이는 결코 무시하지 못할 사실이 됩니다.

사람들이 보편적으로 받아들이는 영적인 믿음을 카를 융은 '원형archetype'이라 부릅니다. 신화나 옛이야기에는 이런 원형들이 오롯이 살아 있습니다. 물론, 과학은 증명할 수 없다며 이를 내쳐버리지만, 여전히 사람들은 여기에 매달리려 하지요. 삶의 의미가 이것에 기대고 있기 때문입니다.

예컨대, 유대인들은 나라를 잃고 수천 년 동안 세상을 떠돌면서도 자신들의 고난은 신의 뜻이 실현되는 과정이라는 믿음을 내려놓지 않았습니다. 그 결과 이스라엘을 건국하는 데 성공했지요. 히틀러는 잊힌 아리안족의 영광을 다시 되살리겠다는 신화 같은 약속으로 독일인들의 마음을 사로잡았습니다. 영적인 무엇에 의지하는 모습은 우리라고 다르지 않습니다. 대한민국을 지탱하는 정신의 뿌리에는 단군 이래 수천 년의 역사를 이어온 문화민족이라는 신화, 그리고 이를 꿋꿋하게 지켜나가야 한다는 소명의식이 자리 잡고 있지 않을까요?

제2차 세계대전 당시, 프랑스는 잔 다르크를 조국을 지키는 상징으로 앞세우곤 했습니다. 잔 다르크 이야기에 담긴 원형이 애국심의 뿌리가 된 셈입니다. 우리도 다르지 않지요. 광화문 광장에 서 있는 이순신 장군과 세종대왕의 동상은 우리 사회에 원형처럼 영향을 끼치고 있습니다. 이분들처럼 국가를 지켜내고 문화 강국을 이루어야 한다는 소명의식을 일깨워준다는 점에서 그렇습니다.

그렇다면 각자의 삶의 주인인 우리는 어떤 원형을 따르고 있을까요? 사람들은 돈과 이익에 쉽게 유혹당합니다. 그러나 유혹과 설득은 다릅니다. 내가 추구하는 일에 사람들을 모아 헌신하게 하고 싶은가요? 온갖 고난과 위기 앞에서도 흔들리지 않는, 불굴의 의지로 성장하는 관계를 만들고 싶나요? 그렇다면 우리 자신의 모습에서 카를 융이 말하는 원형, 즉 '영적인 무엇'이 느껴지는지 점검해보기 바랍니다.

당신의 삶은 신화나 옛이야기 속 영웅의 모습과 닮아 있나요? 당신이 벌이는 일상의 치열함 속에는 '영적인 무엇'을 흔드는 위대함이 담겨 있나요? 살아지는 대로 살아가는 일상에서 삶의 의미를 찾기란 어렵습니다. 반면, 온갖 어려움 속에서도 살아져야만 하는 운명대로 살아가려 할 때는 인생의 의미가 오롯이 피어나지요. 삶의 보람과 감동도 여기에서 맺어질 테고요. 카를 융은 우리가 본능을 갖고 태어나는 것처럼 인생의 소명도 무의식 속에 담겨 세상에 나온다고 주장합니다. 그렇다면 당신의 마음을 사로잡는 소명은 무엇인가요? 마음의 소리에 귀 기울여볼 때입니다.

서사적 자아 찾기,
나는 어떤 이야기의 일부일까?

앨러스데어 매킨타이어

> 무엇을 해야 할지를 묻기 전에, 당신이 어떤 이야기 속
> 주인공으로 살아가는지부터 고민하라.

내가 하면 로맨스, 남이 하면 불륜이라는 뜻의 '내로남불'은 21세기 대한민국을 설명하는 키워드가 되어버렸습니다. 인터넷에서 수없이 벌어지는 논쟁을 떠올려보세요. 도덕적이지 못하다는 비판을 받으면 당신도 똑같지 않냐며 되레 목소리를 높이기도 하고, 편을 갈라 무리 지으며 서로 온갖 비방과 폭로, 인신공격을 쏟아붓기도 합니다. 왜 이런 일이 벌어지는 걸까요?

스코틀랜드 출신의 윤리학자 앨러스데어 매킨타이어 Alasdair MacIntyre(1929~)에 따르면, 이 모두는 민주국가의 기본 원리인 자유주의 때문에 생긴 문제입니다. 자유주의에서는

개인의 권리와 자유가 무엇보다 소중하지요. 법만 어기지 않는다면 원칙적으로 모든 생각과 행동은 개인의 자유입니다. 설사 법을 어겼다 해도 국가는 문제가 되는 행동만 처벌할 뿐, 그 일을 한 사람의 가치관까지 이래라저래라 하지는 못합니다. 이는 사상의 자유, 신념의 자유를 건드리는 일인 탓입니다.

매킨타이어는 민주주의사회에서 논쟁은 "말과 논리로 하는 시민들 사이의 전쟁"이 되어버렸다고 걱정합니다. 논쟁과 법적 분쟁으로 잘잘못이 가려져도 공감과 소통에 이르는 경우는 드물지요. 그저 승부가 가려졌을 뿐, 갈등은 여전히 뿌리 깊게 남아 있습니다. 그래서 매킨타이어는 민주주의사회가 "각자가 이익을 위해 모여 있는 이방인들의 집단"이 되어버렸다며 안타까워합니다. 그렇다면 이러한 문제를 해결할 방법은 무엇일까요?

매킨타이어는 "사회를 떠나 살 수 있는 인간은 신神이거나 짐승이다"라는 아리스토텔레스의 유명한 말을 들려줍니다. 인간은 본성적으로 사회적 동물이라는 뜻이지요. 그에 따르면, 어떤 생각과 행동이 더 낫고 바람직한지를 가릴 잣대는 분명합니다. 사회, 즉 공동체를 튼실하고 옹골차며 더 바람직하게 만들면 옳은 것이고, 논리가 번지르르해도 부실하게 한다면 나쁜 것이지요.

하지만 무엇이 공동체에 좋고 바람직한지는 어떻게 알 수 있을까요? 여기서 매킨타이어는 잘 알려진 '서사적 자아 narrative unit'라는 개념을 내세웁니다. 사회에는 어떤 생각과 행동이 바람직하고 올바른지를 알려주는 수많은 '이야기'들이 있습니다. 예컨대 '좋은 부모는 어떻게 행동할까?'라는 물음을 들을 때 우리는 존경받는 부모의 이미지를 담은 수많은 소설이나 영화를 떠올립니다. 마찬가지로, 훌륭한 직장인이라면 어떠해야 하는지, 존경받는 관리자라면 어떻게 처신하는지를 일러주는 이야기들도 꽤 많지요.

따라서 매킨타이어는 "무엇을 해야 할지 묻기 전에, 당신이 어떤 이야기 속 주인공으로 살아가는지부터 고민하라"라고 충고합니다. 그대의 인생이 "온갖 어려움을 헤쳐나가며 정의롭고 아름답게 결실을 맺어가는 드라마"이고, 당신은 이러한 스토리의 주인공이라 생각해보세요. 그러면 어떻게 처신해야 할지가 보일 겁니다. 내 인생 자체가 악당 이야기의 주인공이라면 어떻게 해도 존경받는 결과로 맺어지기는 어렵겠지요. 이것이 우리가 이야기로 인생을 살아간다는 '서사적 자아'가 뜻하는 바입니다.

　나아가 매킨타이어는 다툼에서 이기기보다, 좋은 사람이 되어야 한다고 강조합니다. 싸움에서 상대를 힘으로 눌러봤자 내 처지는 별로 나아지지 않습니다. 앙심을 품은 상대는 언젠가 또다시 나에게 달려들 테니까요. 반면, 훌륭한 인격과 고결한 인품을 갖추었을 때는 사정이 달라집니다. 존경받는 이를 공격하는 일 자체가 내키지 않을뿐더러, 그렇게 할 때 자신의 편을 들어줄 사람들도 많지 않기 때문입니다. 그래서 매킨타이어는 우리에게 먼저 덕을 갖춘 사람이 되라고 가르치지요. 그의 철학을 '덕윤리德倫理, virtue ethics'라 부르는 이유입니다.

　마지막으로 매킨타이어는 덕스러운 사람이 되는 방법도 일러주는데, 그는 또다시 아리스토텔레스의 유명한 주장을 반복합니다. "우리는 정의롭게 행동하면서 점점 정의로운 사람이 되고, 절제 있게 처신하면서 점점 절제를 갖춘 인간이 된다." 그렇다면 당신은 어떠한가요? 정의와 절제, 용기 같은 덕목을 매일 실천하며 덕스러운 사람으로 거듭나고 있나요?

　덕 있는 사람이 많을수록 공동체 역시 모든 이들이 따

를 만큼 바람직하고 존경스러운 모습으로 바뀌어갑니다. 역으로, 공동체가 도덕적이고 바람직하다면 구성원들 역시 윤리적으로 생각하고 움직이게 되겠지요.

하지만 여전히 도덕적으로 생각하고 행동하기란 어렵습니다. 대한민국은 짧은 시간 내에 경제발전과 민주주의를 동시에 이룬 세계적으로 드문 나라입니다. 성장이 빨랐던 만큼 '성장통'도 만만치 않습니다. 이제 우리 사회에서 억압과 독재는 사라졌지만, 사회를 바람직하게 이끌 진정한 권위는 여전히 부족한 느낌입니다. 여기서 더 나아가기 위해서는 수많은 갈등을 잠재우며 공감과 화합을 이끌, 시민 모두가 인정할 좋은 서사 구조를 세워가야 하지 않을까요? '나는 어떤 이야기의 일부로 살아가고 있을까?', '나는 어떤 서사 구조 속의 주인공이어야 할까?' 이 두 물음을 가슴에 새길 때입니다.

스토리 셀링에서 스토리텔링으로,
삶의 서사 만들기
한병철

일상을 파는 '스토리 셀링'을 하느라,
어떤 삶을 살아야 하는지를 엮는 '스토리텔링'을 잃어버리고 있다.

서로 다른 일상을 살아가는 두 사람의 이야기를 들려드리겠습니다.

저의 하루하루는 비슷비슷합니다. 아침에 일어나서 출근하고 열심히 일한 뒤 저녁에 퇴근하지요. 일과 후에는 운동을 하고 가족과 시간을 보냅니다. 뭐 직장인들 삶이 다 거기서 거기지 않나요?

이번에는 다른 사람의 이야기입니다.

저는 좋은 삶을 꾸리신 부모님의 자랑이 되려고 노력하고 있습니다. 성실하게 살기 위해 아침에 일찍 일어나지요. 직장에서도 회사와 동료에게 힘이 되고자 누구보다 열심히 일하고요. 퇴근하고 나서도 삶을 건강하게 가꾸기 위해 꾸준히 운동하며 가족과도 살갑게 지내고 있어요. 그러면서도 나의 생활이 과연 부모님이 자랑스러워하실 만한지 매일 살펴보고 있습니다.

어느 쪽이 제대로 잘 살고 있다는 느낌이 드나요? 사실, 두 분의 하루는 다르지 않습니다. 차이가 있다면, 두 번째 사람은 자기 일상을 이야기로 풀어내었다는 것뿐입니다. 이야기 속에는 부모님의 자랑이 되고 싶다는 목적, 이를 이루기 위한 과정, 그리고 이에 대한 평가가 담겨 있습니다. 이렇듯 평범한 일상도 목적과 과정, 평가를 담은 스토리, 즉 서사로 만들어지면 그 의미와 가치가 오롯이 피어나지요. 게다가 잘 짜인 삶의 서사는 어려움을 이겨내는 데 큰 힘이 되곤 합니다.

이는 민족이나 국가의 경우에도 마찬가지입니다. 가령 유대인들에게는 다음과 같은 민족 서사가 존재합니다. '우리는 신에게 선택받은 민족이다. 신은 우리를 강하게 만들기 위해 엄청난 시련을 주셨다. 우리는 신의 뜻을 잘 헤아려 닥친 어려움들을 이겨내야 한다. 그러면 신께서 마침내 우리에게 큰 영광을 주실 것이다.' 유대교의 성경인 타낙^{Tanakh}의 스토리는 대개 이런 구조로 되어 있습니다. 이는 유대인들이 수천 년 동안 세상 곳곳으로 흩어져 떠돌면서도 자신들의 정체성을 지키는 데 큰 힘이 되어주었습니다. 서사에 따르면, 그들에게 닥친 어려움은 신께서 그들을 더 크고 영광스럽게 만들기 위해 내려주신 성장통일 뿐이니까요.

마찬가지로 각 나라들은 자기가 누구인지, 어떤 방향으로 나아가야 하는지에 대한 국가 서사를 갖고 있습니다. 예컨대, 미국 문화에는 자신들이 소명에 따라 문명과 자유, 그리고 평등을 세상 곳곳에 뿌리내리게 해야 한다는 '프론티어 정신'이 면면히 흐르고 있고, 중국에서 야심 차게 추구하는 '일대일로一帶一路' 전략에는 이 세상을 중국의 문화와 정신으로 가꿔나가야 한다는 오래된 중화中華사상이 자리 잡고 있지요. 나라마다 역사교육을 강조하는 이유는 이러한 국가 서사를 단단하게 만들기 위해서인데요, 시민들의 지지를 받는 국가 서사가 뚜렷할수록 단결이 잘될뿐더러 갈등도 잘

풀어갈 수 있습니다.

하지만 독일에서 활동하는 철학자 한병철(1959~)은 삶과 사회를 떠받치던 이러한 서사들이 우리 시대에 와서 빠르게 무너지고 있다며 걱정합니다. 그에 따르면 현대인들은 자기 삶을 떠받들던 서사를 쉽게 소비되는 정보로 바꾸어버립니다. 한병철은 이런 모습이 "고작 값싼 동전을 꾸자고, 소중한 인류 유산을 원래 가치의 백 분의 일로 전당포에 맡겨버리는 셈"이라며 걱정합니다.

SNS에서 사람들은 자신의 일상을 끊임없이 게시하고 공유하며 링크를 남깁니다. 이렇게 내보이는 매일의 삶에는 서사가 없어요. 그저 자랑하기 위해 혹은 공감받기 위해 내보이는 '정보'일 뿐입니다. 우리는 이를 보며 '좋아요'를 누르거나 화면에 뜬 내용을 손가락으로 넘기며 흘려보내곤 하지요. 이렇게 우리의 일상은 정보로 소비되어 사라져버립니다. 게다가 현대 문명사회에서는 업데이트 강박에 빠지기 쉽습니다. 사람들의 관심 속에 머물기 위해서는 끊임없이 새로운 사실을 보여줘야 하기 때문입니다. 이러한 가운데 우리 삶의 과거와 현재, 미래를 의미 있게 엮어주던 서사는 사라지고 맙니다. 그저 매일매일 흥미롭게 관심을 끄는 무엇인가가 계속해서 노출되고 있을 뿐이지요. 한마디로 자신의 일상을 파는 '스토리 셀링story selling'을 하느라, 자기가 어떤 삶을 살아야 하는지를 엮는 '스토리텔링storytelling'을 잃어버리는 꼴이지요.

이러는 가운데 공동체 정신 역시 흐려지고 증오와 갈등이 사회에 스멀거리기 시작합니다. 광고나 SNS에서는 남들보다 더 흥미롭고 관심을 끄는 정보를 보여주겠다는 경쟁이 펼쳐지곤 합니다. 남들의 뛰어남이 내게는 나의 못남으로 여겨질 수밖에 없어요. 그래서 소통보다는 질투와 시기가 판을 치고 뒷말 역시 무성해지곤 합니다. 그래서 한병철은 현대사회에서는 삶과 사회에 의미를 안길뿐더러 사람들을 하나로 묶어주는 서사가 무너지지 않도록 힘을 써야 한다고 애써 강조합니다. 그렇다면 서사를 회복하려면 어떻게, 무슨 노력을 해야 할까요?

북미 인디언들은 성인이 되는 해에 '신명 탐구vision quest'라는 특별한 의식을 치릅니다. 이는 일정 기간 침묵 속에서 삶의 의미와 역사적 소명 등에 대해 깊이 생각해보는 시간입니다. 고대 그리스에서는 모든 시민이 함께 비극 공연을 보며 인간의 한계와 운명에 대해 곱씹어보곤 했지요. 지금도 성지 순례를 떠나거나 템플 스테이 활동을 하며 일상에서 놓여나 삶의 의미를 다잡는 분들도 적지 않습니다.

관심을 끄는 말하기와 보여주기 경쟁이 치열한 시대입니다. 이럴수록 우리 삶과 세상을 가치 있게 다잡아주는 내면의 서사에 먼저 귀 기울여야 하지 않을까요?

과거는 바꿀 수 있다

가라타니 고진

> 책임지는 사람이 자유로운 사람이다.

양자역학에 따르면 빛의 입자, 즉 광자는 관찰하지 않을 때는 파동처럼, 관찰할 때는 입자처럼 행동합니다. 파동은 에너지의 움직임이고, 입자는 물질이지요. 이 둘의 성질은 완전히 다른데, 어떻게 빛은 관찰의 여부에 따라 입자였다가 파동이 되었다가 하는 걸까요? 일상의 상식으로는 이를 받아들이기가 쉽지 않지만, 사실 우리의 삶도 이러한 신비로운 이중성에 사로잡혀 있습니다.

우리는 자유로울까요, 자유롭지 않을까요? 여기에 대한 논란은 끝이 없습니다. 원인 없는 결과는 없지요. 너무 복잡해서 파악하기 힘들 뿐, 끝까지 분석한다면 우리의 생각과 행동이 어떤 까닭에서 비롯되었는지 알 수 있습니다. 이렇게 보면 인간이 어떻게 판단하고 처신할지는 이미 결정되어 있습니다. 실제로 뇌파를 연구하는 학자들은 우리가 움직이겠다는 결심을 하기 전에 이미 뇌는 근육에 행동 지시를 내리고 있다고 설명합니다. 우리가 행동하기로 '결정'한다는 것은 환상일 뿐, 실제로는 결심하기도 전에 이미 뇌와 몸 사이에서 동작을 만드는 생리화학적인 변화가 벌어진다는 것입니다. 반면, 우리는 사람을 한없이 자유로운 존재로 보기도 하지요. 모든 게 정해져 있다면, 결정할 자유가 없는 사람이 한 짓에 대해 책임을 지울 수 없는 까닭입니다.

따져 보면, 인간이 자유로운지 그렇지 않은지에 대한 논쟁은 생활에서 수도 없이 벌어집니다. 예컨대, 범죄자들은 불우한 환경과 어려운 처지 탓에 나쁜 짓을 저질렀다고 하소연합니다. 반면, 그와 똑같은 상황에 놓여 있다 해서 모두가 사악하게 처신하지는 않습니다. 그렇기에 법은 죄를 저지른 자들에게 책임을 묻고 처벌을 내립니다. 하지만 엄밀히 보면 이런 식의 법 집행 또한 100퍼센트 정당하다고 하기는 어렵습니다. 앞으로 과학이 훨씬 발전한다면, 물리법칙으로 물체의 움직임을 설명하듯 똑같은 상황에서 누구는 왜 범죄를 일으켰는지, 누구는 그러지 않았는지를 밝혀낼 수 있을 것입니다. 타고난 생리적 특징, 환경의 영향 등등을 면밀히 따지면서 말이지요.

일본의 사상가 가라타니 고진柄谷行人(1941~)은 철학에서 '자유의지와 결정론 논쟁'이라고 부르는 이 주제를 일본의 전쟁 책임을 둘러싼 논란과 연결 지어 다룹니다. 아직도 적지 않은 일본인들은 자신에게 지워진 전범이라는 낙인이 가당치 않다고 여깁니다. 전쟁은 제2차 세계대전 당시의 시대 상황으로 봤을 때 어쩔 수 없는 선택이라고 생각하기 때문입니다. 일본의 전쟁 지도자들을 처벌한 도쿄 전범 재판 역시 정의를 회복하기 위한 노력이라기보다 승자 측의 논리일 뿐이라며 억울해하지요. 가라타니 고진은 이런 태도를 아주 잘못되었다며 크게 꾸짖습니다.

그는 '죽은 자에 대한 책임'을 강조하고 또 강조합니다. 만약 죽은 자와의 관계가 바뀌었다면 그건 살아 있는 사람이 변했다는 뜻입니다. 죽은 자는 절대 바뀌는 법이 없으니까요. 예컨대, 돌아가신 아버지를 원망하는 이를 떠올려보세요. 그가 마침내 부친을 이해하고 화해하게 되었다면 아버지가 달라졌을 리는 없습니다. 자신의 마음이 바뀌어 아버지와의 관계가 새로워진 것이지요. 마찬가지로, 일본인들이 전쟁으로 희생된 분들을 어떻게 여기건, 이미 죽은 사람들이 달라지지는 않을 겁니다. 그렇지만 죽은 이들을 어떻게 대하는지 보면, 지금의 일본이 어떤 상태인지를 가늠할 수 있겠지요.

가라타니 고진의 논리로, 똑같이 제2차 세계대전의 전쟁 책임을 안고 있는 독일을 설명해볼까요? 독일인들은 자신이 전쟁에서 저지른 범죄를 절대 감추지 않습니다. 오히려 치열하고 철저하게 조사하여 세상에 널리 알리기까지 하지요. 아우슈비츠 수용소 같은 끔찍한 시설들도 잘 보존하려 노력하는데, 이런 그들의 모습을 보면서 세상은 독일인을 잔혹하고 야만적인 사람들이라고 생각할까요? 전혀 그렇지 않습니다.

다시 말하지만, 죽은 자는 바뀌는 법이 없습니다. 죽은 자와의 관계가 변했다면, 이는 살아 있는 이들의 태도와 삶이 바뀌었다는 뜻입니다. 독일은 자신들 때문에 희생된 자들을 끊임없이 불러냅니다. 그러곤 자신의 잘못을 거듭해서 빌며 용서를 구하지요. 이는 독일이 나치 시절의 혐오와 광기에서 벗어나, 평화를 사랑하는 진정한 문명국가로 거듭났음을 온 세상에 계속 확인시키는 절차이기도 합니다. 독일이 반성하는 모습을 보일수록, 세계는 그들이 진정 달라졌음을 다시금 확인하게 되지요. 독일이 문명 세계의 중심 국가로 여겨지는 이유입니다.

반면, 폭력적인 독재국가의 권력자들은 자신의 무오류성을 소리 높여 외칩니다. 그들의 주장대로라면 그들은 절대 잘못한 바가 없지요. 그렇지만 세상은 이들을 어떻게 여기던가요? 위대한 지도자라며 소리 높이 칭송하던가요? 자신의 부끄러운 처신을 시대 상황 탓으로 돌리며 책임을 피한다고, 나아가 자신 탓에 희생된 자들을 애써 감추며 무시한다고 평판이 나아지는 경우는 없습니다. 이는 손바닥으로 하늘을 가리는 꼴이니까요. 반면, 이미 잊힐 법한 자신의 잘못을 스스로 들추어내며 끝까지 기억하고 반성하는 자들은 어떨까요? 그들이 어두운 과거에서 벗어나 진정 달라졌음을 모두가 거듭 확인할 수 있습니다. 수준 높은 문명국가일수록, 그리고 높은 인품을 갖춘 사람일수록 자기 잘못을 솔직하게 드러내며 무한한 책임을 진다는 사실을 기억했으면 좋겠습니다.

당신은 과거의 잘못을 어떻게 대하고 있나요? 어쩔 수 없었다며 자유 없는 사람의 자세로 변명하나요, 자신의 선택을 반성하고 좋은 사람으로 거듭나고 있음을 보여주려 노력하나요? 책임은 진정 자유로운 인간만이 질 수 있습니다. 죽은 자에 대한 책임을 강조하는 가라타니 고진의 가르침에 귀 기울이기 바랍니다.

구석기시대의 저주에서
인간다움의 문명으로
에드워드 윌슨

> 인간은 구석기시대의 마음을 지닌 채, 중세시대의 제도가 여전히
> 작동하는 사회에서, 신과 같은 기술을 갖추고 살아가는 존재다.

"백만장자들이 어떻게 사는지를 보세요. 그러면 사람들이 진짜 바라는 삶이 무엇인지 알 수 있을 겁니다." 미국의 사회생물학자 에드워드 윌슨Edward Wilson(1929~2021)의 주장입니다. 윌슨은 대개 부자들의 집터는 높은 곳에서 아래를 내려보는 위치에 있음에 주목합니다. 널찍한 벌판 곳곳에 숲들도 펼쳐져 있고, 강과 호수가 내려다보이기도 하지요. 누구라도 이런 곳에서 살고 싶을 듯싶습니다. 여기서 윌슨은 다시금 질문을 던집니다. "그렇다면 사람들은 왜 이런 풍경에 끌릴까요?"

그는 진화에서 해답을 찾습니다. 우리 몸과 마음에는

인류의 숱한 진화의 흔적들이 남아 있습니다. 갑부들 집의 풍광은 원시 인류가 살던 아프리카 초원의 풍경과 닮아 있습니다. 그래서 사람들의 마음이 이끌리는 것이겠지요. 우리의 마음에는 원시 인류 조상들의 취향이 여전히 남아 있습니다. 우리가 무엇을 바라며 어떻게 행동하는지를 이해하려면 인류의 진화가 어떻게 진행되었는지부터 살펴보라고 윌슨이 충고하는 이유입니다.

윌슨에 따르면, 인간은 "구석기시대의 마음을 지닌 채, 중세시대의 제도가 여전히 작동하는 사회에서, 신과 같은 기술을 갖추고 살아가는 존재"입니다. 구석기시대의 인류는 집단을 지어 살았고, 무리 밖으로 밀려나는 것은 곧 죽음이었지요. 그래서 다른 이들이 자기를 어떻게 생각하는지, 그들의 마음을 사서 내 편으로 만들려면 어떻게 해야 하는지, 나아가 탐탁지 않은 이들을 내치는 방법은 무엇인지를 끊임없이 고민했습니다. 인간의 큰 뇌는 사람들 사이의 복잡한 관계를 시뮬레이션하며 어떻게 할지를 가늠하는 데 요긴하게 쓰였지요.

지금도 우리는 남의 일에 관심이 많으며, 타인이 나를 어떻게 평가하는지에 무척 예민합니다. 이 또한 구석기시대

인류가 남긴 흔적입니다. 그리고 이때 자리 잡은 부족주의 tribalism, 즉 무리를 짓는 본성은 우리에게 남은 '구석기시대의 저주'와도 같습니다. 사람들은 편을 갈라 자기들끼리 똘똘 뭉치려 하고, 끊임없이 다투며 우리 편이 아닌 이들을 해치려 하지요. 우리의 일상이 줄곧 지옥으로 바뀌곤 하는 이유입니다.

"중세시대의 제도가 여전히 작동하는 사회"는 무리끼리의 싸움을 큰 규모로 키워놓곤 합니다. 예컨대, 지금의 학교나 정부기관은 서양 중세시대 때 만들어진 형태를 아직도 따르는 경우가 많습니다. 대학이라는 기관과 학위도 그 시기에 만들어진 것이지요. 이런 제도들은 부족주의를 더욱 강화하는데, 어느 학교 출신, 어느 기관 소속인지에 따라 파벌을 지어 몰려다니는 모습을 떠올리기란 어렵지 않습니다. 나아가, 인류가 여러 나라로 나뉘어 전쟁을 벌이는 모습도 부족주의라는 본능과 맞닿아 있습니다.

인류가 더 나은 존재가 되려면 부족주의라는 저주를 넘어, 인간이라는 생물 종種 전체가 하나의 공동체로 평화롭게 지내는 상태로 나아가야 하지 않을까요? 그렇게 될 수 있는 방법은 무엇일까요? 윌슨은 인간이 '신과 같은 기술'을 가지고 있다는 사실에서 희망을 찾습니다.

　지구상의 모든 생명체는 자연선택을 통해 진화해왔지요. 그러나 인류의 능력은 이제 '의지적 진화volitional evolution'가 가능한 수준, 즉 진화의 흐름을 우리가 원하는 방향으로 바꾸는 데까지 이르렀습니다. 바이오테크놀로지Biotechnology, 나노테크놀로지Nanotechnology, 그리고 로봇학Robotics의 발전 덕분입니다. 첫 글자를 따서 이 세 가지 기술을 'BNR'이라고도 합니다. 우리가 바라는 방향으로 유전자를 자르고 붙여서 '편집'하는 기술이 이미 널리 퍼져 있고, 로봇기술은 인간의 물리적 한계를 가뿐히 넘어서게 합니다. 그렇다면 인류는 지금보다 훨씬 더 똑똑하고 평화로우며 건강한 인간이 되게끔 진화 자체를 새롭게 설계할 수 있지 않을까요?

　하지만 윌슨은 이런 제안에 강하게 고개를 흔듭니다. 만약 기술로 인간을 개량하려 한다면 인류는 최악의 상황에 이를 거라고 경고하지요. 윌슨은 이렇게 말합니다. "모두가 단점 하나 없이, 이타적이고 선하며 건강하고 똑똑한 사람들뿐인 사회는 어떤 모습일까요? 거대한 개미 군체와 아무 차이가 없지 않을까요? 인류의 단점을 빡빡 문질러 없앤다면, 되레 인간 무리는 아무 특징이 없는, 그래서 새로운 것이

나오기 힘든 괴물이 되어버릴 겁니다."

그래서 윌슨은 인류가 구석기시대의 저주에서 벗어날 방법을 인문학에서 찾습니다. 그는 '신과 같은 기술'을 가지게 된 인류는 새로운 책임감을 느껴야 한다고 강조하는데, 인간만이 지구의 미래가 어떠해야 할지를 진지하게 고민하며, 깨인 정신으로 모든 생명을 보듬으며 안전하게 살아가도록 만드는 존재이기 때문입니다. 인류가 나아갈 방향은 결국 인문학이 안겨주겠지요.

하지만 역사적으로 과학기술은 할 수 있는 것을 하지 않은 적이 없습니다. 숱한 반대에도 유전자 복제를 이루어 냈고, 깊은 우려에도 결국 인류를 절멸시킬 원자폭탄을 개발했지요. 신기술인 BNR 역시 결국 결점 하나 없는 인간 무리, 개미 군단 같은 인간사회로 우리를 이끌어갈 것입니다. 이런 현실에서 우리가 나아갈 "'인간다움'이 살아 있는 인류의 문명"이란 어떤 모습이어야 할지 고민해볼 때입니다.

다시 종교의 시대가 온다
아널드 토인비

인간은 의미를 먹고 산다.

"과학자가 더 많이 발견해주면, 우리는 전보다 더 행복해진다." 영국의 역사학자 아널드 토인비Arnold Toynbee(1889~1975)가 20세기 초 사람들이 품고 있던 편견을 한마디로 정리한 말입니다. 발전하는 과학기술이 인류의 모든 문제를 완전히 해결해주리라는 낙관적인 믿음을 담고 있지요.

하지만 20세기 이후의 역사는 결코 장밋빛이 아니었습니다. 과학기술의 진보 덕택에 제1차, 제2차 세계대전은 역사상 그 어떤 전쟁보다 규모가 크고 끔찍했지요. 지금도 세계 곳곳에는 숱한 분란이 계속되고 있습니다. 분명 기술이 발전하고 물질적으로 풍요로워지고 있음에도 왜 폭력과 갈등은 좀처럼 사라지지 않을까요? 아널드 토인비는 『역사의 연구』라는 방대한 저서에서 이 물음에 대한 답을 들려줍니다.

먹지 않고 살 수 있는 인간은 없지요. 나아가 토인비는 '종교가 없는 공백'을 견딜 수 있는 인간도 없다고 강조합니다. 인간은 사실fact이 아닌 의미meaning로 사는 존재이기 때문입니다.

애정 없는 따뜻함만큼 고통스러운 것도 없습니다. 사람들이 아무리 살갑게 대해줘도, 나를 진정 사랑해서가 아니라 장삿속으로 그럴 뿐이라는 사실을 알게 되면 마음이 헛헛하기만 하겠지요. 마찬가지로 아무리 풍요롭게 살아도, 아득바득 이어가는 내 일상이 무슨 가치가 있는지, 무엇을 위해 버거운 삶을 버티고 있는지에 대한 답을 찾지 못할 때, 우리 삶은 심하게 흔들리곤 합니다.

이런 처지에서 종교는 우리에게 삶의 의미는 어디에 있으며, 무엇을 위해 살아야 하는지를 확실하게 일러주지요. 종교같이 삶의 의미에 대해 답을 주는 믿음이 없을 때, 사람들은 쉽게 사기극에 말려들곤 합니다. 토인비에 따르면 파시즘, 전체주의, 공산주의 같은 것들에 인류가 휘둘렸던 까닭도 여기에 있습니다. 이런 삿된 이념들은 '사이비 종교'와 다르지 않지요. 확신에 찬 목소리로 당신이 어떤 사람이고 무엇에 목숨을 걸어야 하는지를 일러주지만, 결국 내 삶과 세계를 나락으로 떨어뜨립니다.

하지만 토인비의 설명에 고개를 끄덕이기란 쉽지 않습니다. 세상에는 종교 때문에 벌어지는 갈등과 폭력 역시 넘쳐나는 까닭입니다. 토인비는 인류의 역사를 영원의 관점에서 바라보라고 충고합니다. 우주의 시작인 빅뱅은 138억 2,000만 년 전에 있었습니다. 현생 인류는 5만 년 전에 등장했고, 메소포타미아에서 최초로 출현한 인류 문명은 길게 잡아봐야 6,000년 전에 나타났습니다. 그렇다면 사회에서 인정받을 만한 고등종교들의 역사는 이보다 더 짧을 수밖에 없겠지요.

종교들은 끊임없이 다투는 듯 보입니다. 하지만 장구한 역사의 관점으로 보자면 성장통을 앓고 있을 뿐입니다. 각자의 신앙이 완전히 성숙하기까지는 상당한 시간이 필요하겠지요. 토인비는 종교들이 서로 갈등하는 가운데, 경쟁자의 특징을 자신들의 신앙 속에 녹이며 성숙시키는 광경에 주목합니다. 예컨대, 기독교와 이슬람의 신앙은 이에 맞섰던 그리스 로마 철학의 논리적 사고 방법을 통해 정교해졌지요. 종교학자들은 기독교의 크리스마스 풍습에서 북유럽의 민간신앙을, 이슬람교 카바 신전의 검은 돌에서 이교도들의 물신숭배의 흔적을 찾아내기도 합니다.

토인비에 따르면, 역사에서 "정신 역사의 상승점과 세속 역사의 하강점은 일치"합니다. 물질적으로 어려운 시기에 사회는 생산량을 늘리고 삶을 풍요롭게 하는 데 모든 노력을 쏟겠지요. 반면, 정신이 빈곤하여 도덕적으로 타락해 갈 때 사람들은 사회를 올곧게 세워줄 사상과 문화를 찾게 됩니다. 그렇다면 우리 시대가 고통스러운 이유는 무엇 때문일까요? 생활에 필요한 물자의 생산이 부족하기 때문일까요, 정신이 빈곤하기 때문일까요? 과연 지금보다 시장을 더 키우고 생산성을 높이면 인류는 마침내 지복至福의 경지에 다다를 수 있을까요?

이쯤 되면 왜 토인비가 종교를 문명 발전의 핵심으로 보았는지 이해될 듯싶습니다. 그는 역사 발전을 자동차에 견주어 설명합니다. 탄생, 죽음, 탄생으로 이어지는 우리의 삶과 사회의 흥망성쇠는 끝없이 순환하는 자동차의 바퀴와 같습니다. 바퀴의 회전은 종교라는 자동차를 결국 신의 나라, 천국으로 이끌고 가겠지요.

물론 토인비는 특정 종교를 앞세우지 않았습니다. 종교적인 삶과 태도를 강조했을 뿐이지요. 파테이 마토스^{Pathei} ^{Mathos}는 그리스어로 고통에서 배운다는 뜻으로, 이는 토인비가 고등종교의 본질로 꼽는 가르침입니다. 이유 없이 오래가는 것은 없습니다. 고등종교들이 오랫동안 인류의 지지를 받았던 이유는, 인간이 겪는 보편적인 아픔을 보듬고 나아갈 길을 일러주었기 때문입니다.

그렇다면 세상에 널리 퍼진 고등종교들의 가르침은 무엇일까요? 위대한 종교들끼리는 차이점보다 공통점이 훨씬 더 많습니다. 토인비는 "자연에 대한 지배를 1마일 나아가게 하는 것보다 자신과 이웃, 신과의 관계를 가꾸는 능력을 1인치 키우는 것이 더 중요하다"라고 힘주어 말합니다. 탐욕으로는 빈곤한 정신을 치료할 수 없습니다. 우리 문명의 위기를 구해낼 위대한 정신을 어디서 찾을 수 있을까요? 토인비의 혜안에 귀 기울일 때입니다.

4장   형이상학적 욕망을 틔우라

편견과 혐오를 넘는 갈등 해결의 지혜

우리 안의 짐승을 길들여라

지그문트 프로이트

문명화란 짐승 길들이기와 같다.

1932년, 당대 최고의 물리학자 알베르트 아인슈타인Albert Ein-stein은 정신분석학의 대가인 지그문트 프로이트Sigmund Freud에게 편지를 씁니다. 아인슈타인은 프로이트에게 두 가지 물음을 던지지요. "인류를 전쟁의 위협에서 해방시킬 수 있을까요?", "증오와 파괴에 대한 갈망에 맞서도록 인간의 정신을 발전시킬 방안이 있습니까?"

　제1차 세계대전은 그전까지 벌어졌던 어느 전쟁보다 잔인했습니다. 그런데도 대공황의 혼란이 계속되던 1930년대, 또 다른 세계전쟁의 기운이 유럽에 불어오고 있었지요. 아인슈타인이 프로이트에게 전쟁을 막을 방법을 절박하게 물었던 이유입니다.

하지만 이 질문을 받은 프로이트는 고개를 내젓습니다. 그는 이렇게 답합니다. "파괴와 폭력은 인간의 본능입니다. 본능은 없앨 수가 없어요." 나아가, 프로이트는 인류 문명은 폭력에 기반하고 있다고 설명합니다.

짐승끼리의 다툼에서는 힘센 놈이 이깁니다. 프로이트에 따르면 인간사회도 별다르지 않은데요, 힘세고 강한 자가 약한 이들을 누르고 지배하기 마련입니다. 따지고 보면 법과 정의도 이러한 논리로 구성되어 있지요. 프로이트에 의하면, 정의란 약한 자들이 힘을 모아 자신들을 함부로 못하도록 강한 자들을 누르는 방식으로 꾸려집니다. 몇몇 사람의 폭력과 파괴 욕구를 사회 구성원 대다수의 힘으로 꺾어버리는 모양새입니다. 이를 제도화한 것이 법이라 할 수 있습니다.

그래도 본능은 욕구를 해소하기 위해 끊임없이 일탈을 꿈꿉니다. 법과 제도로 꾹꾹 눌러놓은 폭력의 욕구도 마찬가지입니다. 전쟁은 파괴 본능을 옥죄던 고삐를 풀어버리지요. 프로이트는 고귀한 명분을 앞세우는 전쟁일수록 더욱 잔인하고 끔찍하다는 사실을 짚어줍니다. 예컨대, 신의 이

름으로 벌이는 종교전쟁은 학살과 약탈의 정도가 악마 수준으로 치닫곤 했습니다. 숭고한 이상이 부끄러운 파괴의 욕망을 가려주기 때문입니다.

그렇다면 파괴의 본능을 막을 방법은, 끔찍한 전쟁을 막을 묘수는 없을까요? 프로이트는 인간의 본능을 다시 살펴보라고 충고합니다. 인간의 본능에는 어두운 측면만 있지 않습니다. 우리 마음에는 사람들을 하나로 모으고 문화를 가꾸려는 욕망도 있지요. 이를 프로이트는 '에로스eros'라고 부릅니다. 살아남기 위해서는 파괴의 욕망만큼이나 에로스도 큰 도움이 됩니다. 인간은 무리를 지어 함께 있을 때 훨씬 안전하니까요. 만약 폭력으로 상대를 제거하기보다, 함께 힘을 합치는 편이 훨씬 더 생존에 유리하다면 굳이 파괴의 본능에 끌릴 까닭이 없겠지요. 인류사회가 폭력을 금지하고 평화와 협력을 강조하는 이유는 여기에 있습니다.

하지만 프로이트는 무척 현실적인 사람이었습니다. 그는 에로스로 사회를 따뜻하고 안전하게 꾸리기 위해서도 폭력은 꼭 필요하다고 강조합니다. 만약, 성질을 못 이겨 제멋대로 주먹을 휘두르거나 윽박지르는 자가 있다면, 단호하게 응징해야 하기 때문입니다. 그래야 처벌을 두려워하게 되고, 파괴 본능보다 에로스를 따르며 처신할 테니까요.

이렇게 보면 에로스와 파괴 본능은 동전의 양면과 같습니다. "평화를 원한다면 전쟁을 대비하라"라는 말처럼, 안정과 화합을 바란다면 폭력 본능도 적절히 사용해야 하지요. 에로스와 파괴 본능 가운데 하나라도 없다면 인류 문명은 제대로 굴러가지 못합니다.

그렇다면 전쟁을 막고 평화를 이루어내려면 어떻게 해야 할까요? "문명화란 짐승 길들이기와 같다"라는 프로이트의 충고를 새겨들어야 합니다. 화가 나서 제정신이 아닌 순간을 떠올려보세요. 이성의 고삐가 풀린 '마음속 짐승'은 길길이 날뛸 겁니다. 프로이트가 보기에 전쟁이 바로 그런 상황입니다. 지성을 잘 가꾼 사람이 불끈거리는 욕망을 훨씬 더 잘 다스리지요. 인간사회도 마찬가지입니다. 프로이트는 아인슈타인에게 보낸 편지에서 이렇게 답합니다. "문명의 발전은 전쟁을 억제하는 역할도 합니다."

우리 안의 짐승, 폭력 본능은 호시탐탐 튀어 나갈 순간을 엿보고 있지요. 이를 다스리기 위해 우리는 어떤 노력을 하고 있나요? 파괴의 본능을 다스리게끔, 지성의 근육을 튼실하게 가꿔야 하지 않을까요?

하지만 우리 시대 정치가들은 내 안에 있는 파괴와 폭력의 본능을 자꾸만 일깨우려 합니다. 증오할 대상, 꺾어버려야 할 적을 내세우며 비판의 목소리를 높이는 식이지요. 이러한 격한 목소리에 우리의 영혼은 쉽게 휩쓸려버리는데, 공격하고 제거하려는 충동 자체가 밀쳐내기 힘든 우리의 본능인 탓입니다.

새로운 냉전을 걱정하는 목소리가 높아지는 요즘입니다. 팬데믹과 경제 위기 등으로 날카로워진 사람들은 분노를 쏟아낼 대상을 내심 바라기도 하지요. 폭력 본능이 튀어나오기 쉬운 이 상황에서 우리는 마음속 짐승이 흥분하도록 내버려두지 않아야 합니다. 세계대전은 지나간 과거가 아닌 가까운 미래가 될 수도 있습니다. 아인슈타인의 절박한 물음, 이에 대한 프로이트의 충고를 진중하게 생각해볼 때입니다.

근본속성의 오류, 원래 그런 사람은 없다

데이비드 베레비

근본적인 본질은 없다.

미국에서 아시아계 여학생들에게 수학 시험을 치르게 하며 질문을 던졌습니다. "당신의 조상은 어디서 왔습니까?" 두 번째 무리에게는 여학생으로서 남녀공학을 다니며 겪은 경험에 대해 물었습니다. 첫 번째 물음은 자신이 아시아계라는 사실을 떠올리게 하고자 던진 질문이었는데, 이 질문을 받은 여학생들의 정답률은 평균 54퍼센트를 기록했습니다. 반면, 자신이 여자임을 의식하게 하는 두 번째 질문을 받은 학생들의 정답률 평균은 43퍼센트에 그쳤습니다. "아시아계는 수학을 잘한다", "여성은 수학 실력이 떨어진다"라는 세상에 퍼진 믿음이 학생들의 마음에 영향을 끼친 것이지요. 1999년, 미국 하버드대학교에서 있었던 심리학 실험 결과입니다.

하지만 과연 여학생들이 수학을 못할까요? 당연히 그렇지 않습니다. 세상에는 수학 실력이 월등한 여학생들이 차고 넘치니까요. 아시아계 가운데서도 수학을 못하는 이들도 적지 않습니다. 아프리카계 사람 중에서도 농구를 못하는 이들이 많으며, 요란스러운 삼바 리듬에 되레 손사래 치는 몸치인 히스패닉들도 쉽게 찾을 수 있지요. 그런데도 세상에 퍼진 '어떤 무리의 인간들은 이러저러하다'라는 식의 믿음은 강력한 영향을 끼치고 있습니다.

게다가, 이런 식의 믿음은 극단적인 폭력으로까지 이어지곤 합니다. 532년, 로마의 콘스탄티노플에서 전차 경기로 인해 3만 명의 사람들이 목숨을 잃었습니다. 녹색팀과 청색팀을 응원하던 무리끼리 패싸움을 벌인 결과였습니다. 고작 응원하는 팀이 다르다는 이유로 서로를 죽이는 끔찍한 짓을 저지르는 상황이 잘 이해되지 않을 것입니다. 하지만 서로 사이가 안 좋은 나라끼리 벌이는 국가 대항전 분위기를 떠올려보면 익숙한 모습이기도 합니다. 이런 상황에서는 "저 나라 사람들은 배신을 잘해", "후진국이라서 질서를 안 지켜"등등 사회에 널리 퍼진 편견이 쉽게 작동합니다. 상대방을, 우리를 괴롭히는 못나고 추한 자들로 쉽게 몰아버리게 된다는 뜻입니다. 혐오는 이렇듯 특정 무리에 대한 편견이 점점 짙어지는 가운데 사회에 뿌리를 내립니다.

하지만 미국의 인문학자인 데이비드 베레비David Berreby(1958~)에 따르면, 이 모두는 착각에 지나지 않습니다. 내가 어떤 무리에 속한 사람인지 떠올려보세요. 나의 정체성은 하루에도 수십 번 바뀝니다. 데이비드 베레비는 "외국인 관광객 무리 속에서는 미국인처럼 느끼고 행동하고, 텍사스 사람과 말할 때는 뉴욕 사람처럼 느끼고 행동하며, 여자와 대화할 때는 남자처럼 느끼고 행동한다. 동료와 이야기를 나누는 동안에도 나는 이 세 가지 부류, 아니 여섯 가지 부류의 사람이 되곤 한다"라고 말합니다. 한마디로, 누군가의 근본적인 특징이라 부를 만한 '본질'은 없다는 의미이지요.

그렇지만 집단에 대한 편견은 우리 삶 곳곳에서 엄연히 작동하고 있습니다. 베레비에 따르면, 이는 믿음의 문제이니까요. 지폐는 종이에 지나지 않습니다. 그래도 상인들은 종이를 받고 소중한 상품을 내어줍니다. 모두가 지폐에 가치가 있다고 믿기 때문입니다. 집단에 대한 편견도 다르지 않습니다. "이탈리아 남자는 이러저러해", "프랑스 여자는 이러저러하지"라고 많은 사람이 믿고 있다면, 그런 생각은 사회에서 영향을 끼칠 수밖에 없지요. 더구나, 어떤 집단에 대한 나쁜 평가는 시간이 갈수록 거친 혐오로 자라나기도 합니다. '한남충', '된장녀' 등 경멸의 뜻이 담긴 비속어들이 우리 사회에 얼마나 많이 퍼져 있나요?

이러한 혐오 표현에서 벗어나기 위해서 데이비드 베레비는 무엇보다 근본속성오류fundamental attribute error에서 벗어나야 한다고 주장합니다. 이는 자신의 잘못이나 한계는 '상황' 탓으로, 상대의 부족함과 실패는 '본질' 탓으로 돌리는 태도를 말합니다. 나는 안 좋은 일이 있어 시험을 망쳤지만, 친구는 원래부터 게으르기에 시험 점수가 낮다고 생각하는 식입니다.

제2차 세계대전이 벌어지기 전, 미국인들은 대부분 일본인을 진보적이고 예술적인 감성이 높은 사람들이라 생각했습니다. 그러나 태평양전쟁을 겪으며 일본인들의 이미지는 교활하고 신뢰할 수 없는 쪽으로 바뀌었지요. 지금은 또 어떨까요? 미국에서 일본인들에 대한 평가는 그렇게 나빠 보이지는 않습니다. 중국인들에 대한 인상도 다르지 않습니다. 1930년대에 퍼져 있던, 중국인들은 교활하고 신뢰할 수 없다는 믿음은 제2차 세계대전을 겪으며 과묵하고 예의 바르다는 칭찬으로 바뀌었습니다.

하지만 무역 분쟁 등 중국과 여러 분야에서 다툼을 벌이는 지금의 미국인들은 중국인들을 또 어떻게 생각하고 있을까요? 이렇듯 한 부류의 사람들의 특징은 바로 전에 그들과 무슨 일이 있었는지, 그들과의 관계가 어떠했는지에 따라 달라지곤 합니다. 상대가 실제로 그런 측면을 갖고 있기보다는, 자신이 그렇다고 믿고 싶은 대로 상대방의 특징을 찾아낸다는 의미이지요.

세상 곳곳에서 혐오가 넘쳐나는 요즘입니다. 누군가에 대한 증오가 솟구쳐 오른다면, 어떤 아쉬움과 어려움이 내 마음을 차지하고 있는지부터 짚어보아야 합니다. 내가 미워하는 그들의 모습이 나와 다르지 않음을 깨닫는다면 분노가 가라앉음을 느낄 겁니다. 증오와 혐오의 시대, 우리에게는 이런 자세가 필요합니다.

주노 변증법, 주인의 자격을 갖추라

게오르크 헤겔

역사란 인간의 자유가 확대되는 과정이다.

게오르크 헤겔Georg Hegel(1770~1831)이 1807년에 펴낸 『정신
현상학』은 철학의 역사에서 가장 두껍고도 어려운 저서로
손꼽힙니다. 그럼에도 이 책은 지난 200년 동안 끊임없이 읽
히며 논쟁의 대상이 되어왔지요. 인류 문명에 대한 중요한
통찰을 안긴 덕분입니다.

　『정신현상학』은 인간의 정신이 감각을 거쳐 이성으로,
이성에서 다시 우주를 지배하는 섭리인 '절대정신absolute geist'
으로 발전해가는 과정을 설명합니다. 이 가운데 헤겔은 문
명의 발전을 이끄는 도식으로 '주인과 노예의 변증법'을 소
개합니다. 이후 이 도식은 민주주의의 발전을 설명하는 핵

심 논리로 자리 잡았지요. 그렇다면 주인과 노예의 변증법, 줄여서 '주노 변증법'은 무슨 내용으로 구성되어 있을까요?

먼저 헤겔은 역사란 인간의 자유가 확대되는 과정이라고 말합니다. 문명사회가 한 사람만 자유로운 상황에서 몇몇 사람이 자유로운 세상으로, 마침내 모두가 자유로운 시대로 나아간다는 뜻이지요. 실제 역사도 헤겔의 주장과 비슷하게 펼쳐졌습니다. 예컨대, 서양 문명은 왕만 자유로웠던 고대 왕국들에서 소수의 남자만 자유인이었던 고대 그리스와 로마제국으로, 나아가 모든 시민이 자유로운 근대국가로 발전해나갔습니다.

하지만 자유의 확대는 결코 조용하게 이루어지지 않았지요. 언제나 사회에는 지배하는 자들과 억압받는 이들 사이에 갈등과 다툼이 끊임없이 이어지곤 했습니다. 이들의 싸움을 설명하는 공식이 바로 '주인과 노예의 변증법'입니다.

사람은 누구나 자신이 세상에서 가장 소중한 존재로 여겨지길 바랍니다. 그리고 다른 이들이 나를 떠받들며 대접해주길 바라지요. 문제는 상대방도 나와 똑같이 생각한다는 것입니다. 그래서 사람들은 상대가 자신을 더 중요하고 가치 있는 존재로 받아들이게 하려고 이른바 '인정투쟁'을 벌입니다.

이 싸움에서 승리한 사람은 주인이 됩니다. 죽기 두려워 뭐든 할 테니 목숨만 살려달라고 매달리는 이들은 노예가 되는데요, 재밌는 점은 시간이 갈수록 주인과 노예의 처지가 뒤바뀐다는 사실입니다. 주인은 결국 노예들의 노예가 되어버리지요.

주인은 일하지 않습니다. 노예들이 필요한 노동을 대신해주기 때문입니다. 이렇게 세월이 흘러가다 보면 주인은 일하는 법을 잊어버리겠지요. 그러면 어떻게 될까요? 자신의 생활을 노예들에게 오롯이 의지할 수밖에 없습니다. 마침내 노예들이 수틀려서 주인에게 맞서도 어쩌지 못할 상황에 내몰리겠지요. 노예들이 주인의 운명을 사실상 쥐락펴락하는 모양새입니다.

게다가 주인은 자신에게 주어진 자유와 권리를 당연하게 여기지만, 노예들은 생각이 많습니다. '주인은 저토록 자유롭고 당당한데 왜 우리는 그렇지 못할까? 우리도 주인같이 자유로운 사람이 될 방법은 없을까?' 노예의 처지에서는 이런 억울함과 고민이 꼬리에 꼬리를 물겠지요. 마침내 노예들은 주인 같은 자유인이 될 방법을 찾아냅니다. 모두가 평등하고 자유로운 세상을 만드는 것이지요. 여기에 반대할 사람은 극소수의 주인들 빼고는 없을 테고요.

마지막으로, 노예는 노동을 통해 삶을 가꿀 능력을 갖추어나갑니다. 시간이 흐를수록 생계를 꾸리는 기술과 능력은 더 나아지겠지요. 노예에게 기대며 사는 주인은 그러지 못합니다. 그렇다면 모두가 평등해야 한다는 명분에 생활 능력까지 갖춘 노예들이 주인을 눌러버리는 것은 시간문제가 아닐까요?

헤겔에 따르면, 역사는 인간들이 거듭해서 주인과 노예로 갈등을 겪는 가운데 마침내 모두가 자유롭다는 믿음이 점점 더 넓게 퍼져가는 방향으로 나아가고 있습니다. 그렇다면 이 과정을 설명하는 헤겔의 주노 변증법이 우리에게 여전히 의미 있는 까닭은 무엇일까요?

사회의 높은 자리에 있는 분들은 헤겔의 도식에서 주인이 '노예들의 노예'로 추락하는 계기가 무엇인지 눈여겨보기 바랍니다. 일을 내려놓고 편안하게 지내며 다른 이들의 노동에 의지하며 살게 되는 순간, 내 삶의 주도권도 사라집니다. 내게 필요한 것을 제공해주는 이들이 마음을 돌리면 생계조차 장담하기 어려워질 테니까요. 게다가 노동에서 멀어질수록, 세상을 관리하며 뜻대로 이끄는 감각도 약해집니다.

　높은 위치와 권력에 익숙해지면 타인의 노동을 당연하게 여길뿐더러, 스스로를 다른 이들과 차원이 다른 특별한 존재라고 여기게 됩니다. 이렇게 되면 주인의 위치는 더더욱 위태로워집니다. 자신을 위해 일하는 사람들의 불만과 반발을 사기 때문이지요. 따라서 주인 또한 노예와 마찬가지로 열심히 일하고 남들을 자신과 똑같이 여기며 존중해야 합니다. 그래야 자기 자리를 오롯이 지킬 수 있겠지요. 이쯤 되면 인류사회가 어떻게 주인과 노예의 갈등을 거쳐 모두가 평등하고 자유로운 세상으로 나아져왔는지가 이해될 듯싶습니다.

　역사란 자유의 확대 과정이라는 헤겔의 명언에 맞게 세상을 현명하게 사는 방법은 무엇일까요? 마땅히 흘려야 할 땀과 노력을 계속하면서 다른 이들을 나와 마찬가지로 소중하게 대접하는 자세가 필요하지 않을까요? 갑질 논란이 계속해서 불거지는 요즘입니다. 진정한 삶의 주인이 되는 길에 대해 묻는 헤겔의 주노 변증법에서 지혜를 얻었으면 합니다.

'진실한 거짓말'에 숨은 가능성

프랑수아 누델만

> 허물없는 인생은 없다.

장 자크 루소Jean Jacques Rousseau의 책 『에밀』은 교육학의 '영원한 고전'이라 불립니다. 어린아이 에밀을 자상하고 따뜻한 보호와 가르침을 통해 이상적인 시민으로 키워내는 내용이지요. 그런데 정작 저자인 루소는 하녀와의 관계에서 낳은 자식 다섯 명을 줄줄이 고아원에 맡겨버린 비정한 아빠였습니다.

장 폴 사르트르Jean Paul Sartre는 행동하는 지성의 대명사로 여겨집니다. 그는 모든 억압과 폭력에 맞서 결연하게 목소리를 냈으며, 지식인의 사회참여를 힘주어 강조했습니다. 사르트르는 잘못에 맞서지 않고 가만히 있는 것조차 정의롭지 못하다며 비난했습니다. 그런데 그는 정작 나치가 파리를 점령했던 시기에 창작 활동을 이어가며 비교적 편안하게 생계를 꾸려갔습니다. 자신의 소신대로라면, 조국을 점령한 나치 독일에 맞서 레지스탕스에 가담했어야 하겠지요.

이처럼 사상가들 가운데는 자신의 주장과 사뭇 다른 삶을 산 이들이 적지 않습니다. 우리는 그런 모습을 볼 때마다 '위선자'라며 손가락질하지요. 하지만 프랑스의 철학자 프랑수아 누델만Francois Noudelmann(1958~)의 생각은 다릅니다. 그는 자신의 주장과 생활이 딴판인 사람들을 섣불리 도덕의 잣대로 판단하지 말라고 충고하지요. '철학자의 거짓말'은 윤리적이지는 못해도 생산적이고 바람직한 결과물을 낳기 때문이라는데요, 이는 어떤 의미일까요?

누델만에 따르면 루소는 아이 다섯을 버렸음에도 『에밀』 같은 교육론을 쓴 것이 아닙니다. 오히려 아이 다섯을 버렸기 때문에 『에밀』이라는 교육론을 쓸 수 있었던 것이지요. 사르트르도 마찬가지입니다. 레지스탕스운동을 하지 않았음에도 불의에 맞서 저항을 외쳤던 것이 아니라, 레지스탕스 활동을 안 했기에 적극적으로 사회참여와 저항을 주장할 수 있었던 겁니다. 누델만의 이런 주장은 황당한 궤변처럼 다가오지만, 곰곰이 따져보면 꽤 일리가 있습니다.

　길을 가르쳐줄 때나 수학 공식을 설명할 때 열을 내는 경우는 별로 없습니다. 객관적인 사실과 당연한 진리를 이야기하고 있으니까요. 이때는 굳이 열정이나 결단이 필요하지 않지요. 반면, 일관되지 못한 자기 행동을 정당화해야 할 때는 어떨까요? 핏대를 높이며 자신이 정직하고 올곧은 사람임을 강하게 주장할 겁니다. 루소는 자식들을 버렸다고 온 세상이 자신을 비난한다는 망상 속에서 살았습니다. 그래서 끊임없이 자신의 처신을 변명하며 결백하다고 주장해야 했지요.

　루소는 자신이 형편없는 아버지였기에, 비난과 죄책감에서 벗어나고자 치열하게 고민하며 자녀 교육에 대한 주장을 애써 펼쳤던 것입니다. 그는 위대한 교육적 이상을 갖고 있지만, 이에 걸맞게 아이를 키울 수 없었기에 국가 시설에 맡겼다는 식으로 변명했습니다. 만약 루소가 진짜 좋은 아버지이자 교육자였다면, 굳이 자신이 그런 사람으로 보이려 애쓸 까닭이 없었을 겁니다. 사르트르도 별다르지 않아 보입니다. 사르트르가 원래부터 행동하는 지성이었다면 결연함을 내보이려 굳이 나설 필요가 없었겠지요. 하지만 그들은 그런 사람이 되지 못했기에 도리어 훌륭한 이론과 사유를 남길 수 있었습니다.

누델만의 해석에 따르면, 콤플렉스와 치부는 사상의 발전과 행동을 이끄는 원동력이 됩니다. 사실 우리 또한 루소나 사르트르처럼 처신하고 있지 않을까요? 세상에는 가난하다며 무시당했던 과거의 기억 때문에 열심히 돈을 벌고, 거짓말을 해서 비난받았던 상처 탓에 정직한 사람으로 보이려 애쓰는 이들이 얼마나 많나요? 물론, 누델만은 결코 루소나 사르트르가 도덕적으로 괜찮은 사람이었다고 주장하지는 않습니다. 다만, 거짓을 넘어서 자신을 정당화해가는 가운데 피어났던 긍정적 측면을 인정해주라고 충고할 뿐입니다.

사실, 아이 다섯을 버렸다고 솔직하게 세상에 알린 사람은 루소 자신이었습니다. 사르트르 역시 자신은 레지스탕스운동을 하지 않았다고 여러 차례 이야기했지요. 두 사람은 의도적으로 남을 속이려 하지 않았어요. 자기의 과거 행동을 정당화하려고 그럴 수밖에 없었다며 스스로에게 거짓말을 할 뿐입니다. 누델만은 이를 '진실한 거짓말하기men-tri-vrai'라고 부릅니다. 자신의 허물과 그릇된 처신을 아름답게 재해석해가는 모습을 일컫는 말이지요. 예컨대, 죽음이 두려워 전쟁터에서 도망쳤으면서도 추후 승리한 뒤에는 '정당하지 못한 전쟁을 피하려 위험을 무릅쓰고 부대를 떠났다'라고 자기 합리화를 하는 식이지요.

우리의 삶은 이렇듯 '진실한 거짓말'을 꾸려가는 가운데, 과거의 잘못을 지우며 좋은 인생으로 거듭납니다. 앤드루 카네기와 록펠러 같은 경영자들도 마찬가지입니다. 그들은 경쟁자를 잔인하게 뿌리치는 시장독점으로 큰 비난을 받았지만, 말년에는 많은 기부금과 사회 공헌으로 찬사를 받았습니다. 그들을 과연 위선자라고 욕할 수 있을까요? 인간에게는 누구나 빛과 그림자가 있습니다. 왜 그림자가 있냐며 야단치는 과정도 필요하겠지만, 이를 빛으로 바꾸려 얼마나 적극적으로 노력했는지를 바라보고 인정해주는 일도 중요하다고 생각합니다. 허물 없는 인생은 없으니까요. 우리 역시 '진실한 거짓말'을 통해 과거를 이겨내며 좋은 삶으로 거듭나려 노력하고 있는지 질문해볼 때입니다.

탁월한 욕망이 갈등을 잠재운다

르네 지라르

남다른 갈망, 탁월한 욕망을 꿈꾼다면 다툴 일이 없다.

프랑스 출신의 문학비평가이자 철학자, 인류학자인 르네 지
라르René Girard (1923~2015)는 '희생양 이론'으로 유명합니다.
그에 따르면, 한 사회가 깨지고 흩어지지 않기 위해서는 반
드시 희생양이 필요합니다.

히틀러는 제1차 세계대전과 독일의 패전, 그리고 극심
했던 경제공황의 원인을 유대인 탓으로 돌렸습니다. 그들의
음모와 탐욕이 세상을 나락으로 빠뜨렸다는 논리를 폈지요.
이런 황당한 주장은 당시 사람들에게 매우 설득력 있게 다
가갔습니다. 이러한 논리는 지금도 이어지고 있어요. 살림
살이가 힘들어진 까닭을 밀려든 이민자와 외국인 노동자 탓

으로 돌리는 모습을 쉽게 찾아볼 수 있습니다.

희생양으로 내몰리는 이들은 힘없는 소수자뿐만이 아닙니다. 권력자들도 권좌에서 물러날 무렵에는 희생양이 되곤 하지요. 사람들은 온갖 비리와 무능력의 원흉으로 권력자를 지목합니다. 그리고 저자만 사라지면 모든 문제가 해결된다는 '합의'가 사회에 퍼지지요. 물론, 미움받는 지도자가 사라진다 해서 상황이 나아지는 경우는 별로 없습니다. 시간이 흐르면 또다시 갈등은 불거지고 사람들은 다시금 희생양을 찾게 되겠지요. 이렇듯 희생양 만들기는 왜 끊임없이 반복되는 것일까요?

르네 지라르는 그 이유를 '욕망의 모방'에서 찾습니다. 우리는 남들이 원하는 것을 바라곤 합니다. 예컨대, 운동선수가 우승을 간절히 원하는 이유는 경기에 나선 모든 이들이 우승을 욕망하기 때문입니다. 승진하고픈 갈망, 성공하고픈 바람도 다르지 않습니다. 원하는 사람이 많을수록 그것은 더 소중한 것으로 여겨지고, 그럴수록 더더욱 많은 이들이 그것을 얻기 위한 경쟁에 뛰어듭니다. 남들도 간절히 원하는 것을 차지한다면, 더 나은 존재로 인정받는 듯해서이겠지요. 이 가운데서 다툼은 피하기 어렵습니다. 좋은 학교를 가기 위한 경쟁, 부동산을 둘러싼 갈등 등등 똑같은 욕망을 놓고 벌이는 불화들은 셀 수 없이 많습니다.

왜 사람들은 꼼수로 자녀를 명문 학교에 보낸 자들에게 그토록 화를 낼까요? 투기로 돈을 긁어모은 이들에 대해 세상이 비난을 퍼붓는 까닭은 무엇일까요? 그 속에는 나도 기회만 있다면 남들처럼 그러고 싶다는 욕망이 숨어 있지는 않을까요?

하지만 사람들은 자신도 상대와 똑같은 욕망을 품고 있다는 사실은 결코 받아들이지 않습니다. 그렇게 된다면 내가 경쟁하는 상대만큼 열등한 사람이라는 점을 인정하는 꼴이니까요. 따라서 자기 안의 욕망이 절실할수록, 자신과 똑같은 욕망의 대상을 차지한 자에 대한 질시와 원망도 커져만 갑니다. 이러면서 사회는 온갖 갈등과 다툼으로 가득해지지요. 분에 못 이겨 상대에게 폭력을 행사하는 경우도 점점 늘어날 터이고요. 희생양은 이런 상황에서 등장합니다.

우리는 원래 다들 선하고 괜찮은 사람이다. 탐욕스럽고 사악한 X 때문에 세상은 엉망이 되었다. 다시 사회를 올곧게 세우려면 제 욕심을 채우려고 원칙을 무너뜨리고 사람들을 속이며 괴롭히는 X를 없애야 한다. 이를 위해 우리 모두는 힘을 합쳐야 한다. 정의를 위해 X를 처단하자!

이것이 전형적인 희생양 논리입니다. 하지만 당연히 X를 없애도 갈등은 사라지지 않습니다. 잠시 잠잠해질 뿐이지요. 사람들의 욕망이 그대로이고 이를 채워줄 대상은 여전히 부족한데 처지가 나아질 수는 없을 것입니다. 시간이 흐르면 또다시 사회는 혼란에 빠져듭니다. 그래서 르네 지라르는 사회가 폭력에 휩싸이는 것을 막기 위해서는 반드시 희생양이 필요하다고 말합니다. 나아가, 그는 희생양에게 쏟아붓는 온갖 욕설과 공격이야말로 사회를 유지하게 하는 '초석적 폭력violence fondatrice'이라고까지 부릅니다. 인류가 끊임없이 거듭되는 이러한 끔찍한 비극에서 벗어날 길은 없을까요?

르네 지라르는 우리에게 희망을 던져줍니다. 희생양 만들기는 같은 욕망을 둘러싼 갈등 탓에 벌어지는데, 그렇다면 남다른 갈망, 탁월한 욕망을 꿈꾸게 된다면 상대와 다툴 일도 없어질 것입니다. 그는 주변 사람들의 욕망을 바라보지 말고 성현들의 바람을 살펴보라고 충고합니다. 예컨대 분노에 가득 차 경쟁자를 노려보게 되는 순간, '예수라면 이럴 때 어떻게 했을까?'라고 나 자신에게 되물으며 태도를 다듬으라는 것이지요. 옛 선비들은 끊임없이 공자의 삶을 자신의 일상으로 만들기 위해 노력했습니다. 그들은 '공자라면 이럴 때 어떻게 했을까?'를 곱씹으며 자신의 마음과 행동을 다잡곤 했습니다. 불자들도 다르지 않습니다. '석가모니 부처라면 이럴 때 어떻게 처신했을까?'라는 물음을 삶의 중심으로 삼는다면 우리 삶과 세상은 지금과 많이 달라질 것입니다.

'내로남불' 논리가 판을 치는 요즘입니다. 누군가를 비난하기에 앞서, 내 욕망 역시 비난하려는 상대의 것과 똑같지 않은지부터 점검해보세요. 탁월한 욕망을 꿈꾸지 않는 한, 우리 삶과 세상에 구원은 없다는 르네 지라르의 주장에 귀 기울여보기 바랍니다.

원인 말고 목적을 보라
알프레트 아들러

어떤 상황에서도 상대의 행동에서 선의를 찾으라.

개인 심리학을 연 알프레트 아들러 Alfred Adler (1870~1937)는 따뜻하고 다정한 사람이었습니다. 어느 날 그는 어떤 부인 의 집에 초대를 받아 즐겁게 대화를 나눈 후, 잠깐 산책을 나 섰습니다. 그리고 식사하러 다시 집 안에 들어섰지요. 그런 데 거실이 온통 난장판이었습니다. 다섯 살 남짓한 부인의 아들이 바닥에 장난감을 죄다 꺼내 발 디딜 틈 없이 늘어놓 은 것이었습니다.

크게 당황한 부인은 "손님 앞에서 부끄럽게 이게 무슨 짓이야!"라며 야단치려 했는데, 아들러는 빙그레 웃으며 그 를 말렸습니다. 그러곤 아이와 눈을 맞추고자 바닥에 앉았어요. 아들러는 말썽꾸러기 사내아이를 어떻게 대했을까요? "아주 심심했구나. 그래도 이렇게 하면 안 된단다"라며 부드럽게 타일렀을까요? 그는 그러지 않고 되레 아이를 크게 칭찬했습니다. "장난감을 정말 잘 늘어놓았구나. 대단해! 아주 멋져! 그렇다면 이제 장난감을 모아서 원래 자리에 놓을 수도 있니?" 그러자 아이는 신이 나서 정리를 시작했습니다. 아이는 혼나지 않았고, 누구도 화내지 않았으며 집 안도 말끔하게 정리되었습니다.

이 이야기는 책 『아들러의 추억 Alfred Adler: As We Remember Him』에 등장합니다. 여기에는 아들러 심리학의 고갱이가 오롯이 담겨 있습니다. 그는 언제나 "원인 말고 목적을 바라보라"라고 충고했지요. 왜 아이가 집안을 어지럽혔는지에만 집중하면 아이가 뭘 잘못했는지 따지느라 화가 치솟을 겁니다. 하지만 '어떻게 해야 거실을 다시 깨끗하게 정돈할까?'라는 목적에 집중하면 일을 대하는 방식이 건설적으로 바뀌게 됩니다.

아들러는 옳은지 그른지로 판단하지 말고, 건설적인지 비건설적인지를 잣대 삼으라고 권합니다. 아들의 행동이 그릇되었다고 여길 경우, 야단치며 잘못을 바로잡으려 하겠지요. 하지만 화를 내며 상대를 다그치는 방식은 건설적이지 않습니다. 왜 나를 사랑하지 않느냐고 몰아세우는 연인을 떠올려보세요. 상대에게 상처를 준다고 해서, 그 혹은 그녀가 나를 사랑해주지는 않습니다. 혼날까 봐, 귀찮아질까 봐 마지못해 내게 관심을 기울일 뿐입니다. 아들러의 상황에서도 마찬가지로 왜 어지럽혔냐며 아이를 야단친다면 아이는 두려워서 할 수 없이 청소를 하게 되겠지요. 이 경우, 아이는 죄책감만 느낄 뿐입니다.

보다 건설적으로 문제를 해결하려면 어찌해야 할까요? 아들러에 따르면, 모든 사람에게는 '우월성 추구 욕망'이 있습니다. 지금보다 더 나은 사람이 되고픈 마음이 있다는 것이지요. 아들러는 어떤 상황에서도 상대의 행동에서 선의를 찾아내라고 주장합니다. 아이는 왜 장난감을 요란하게 거실 바닥에 늘어놓았을까요? 엄마와 손님에게 관심받고픈 마음이 작용한 건 아닐까요? 아들러는 이 심정을 알아채고 "너 참 대단한 아이구나! 아주 능력이 많은, 뛰어난 친구야!"라고 먼저 칭찬을 해준 것이지요.

이어서 아들러는 아이의 행동을 바람직한 방향으로 이끌기 위해 행복에 이르는 열쇠인 공동체 의식을 일깨웁니다. 공동체 의식이란 소속감, 공헌감, 신뢰감을 뜻합니다. 인간은 누구나 자기를 보호해줄 무리 속에 있고 싶어 하지요. 이것이 소속감입니다. 공헌감이란 자신이 속한 집단에서 꼭 필요한 존재로 인정받고픈 마음을 일컫는데, 아들러는 아이의 소속감과 공헌감을 제대로 자극합니다. 자신이 집에서 소중한 존재이며, 집 안을 깨끗하고 살 만한 곳으로 만들 만큼 유능하고 꼭 필요한 존재라는 사실을 느끼게끔 이끌었으니까요. 정리 정돈을 마친 아이는 엄마에게 더 칭찬받기 위해 앞으로도 예쁜 짓만 골라서 하게 되었을 듯싶습니다.

마지막으로 신뢰감은 내가 어떤 행동을 하건 상대는 나를 믿고 사랑해주리라는 믿음을 뜻합니다. 아들러는 "인간의 모든 행동에는 상대가 있다"라는 뼈 있는 조언을 던집니다. 좋아하는 사람을 대할 때와 믿고 싶은 자를 만날 때, 나의 말과 행동은 완전히 달라지곤 합니다. 그렇다면 나는 중요한 상대에게 어떤 대상으로 여겨지고 있을까요?

항상 야단만 치는 엄마는 아이의 마음속에서 '극복해야 할 무엇'으로 자리 잡을 뿐입니다. 혼나지 않도록 조심하면서도, 언젠가는 나를 혼내지 못하게끔 강해져야겠다며 복수심을 품게 될 수도 있다는 뜻입니다. 반면, 아이의 능력과 가능성을 굳게 믿으며 실수를 발전을 위한 시행착오로 여기는 부모라면 어떨까요? 아이는 부모를 자신이 더 열심히 노력해서 칭찬받고 싶은 존재로 여기게 되겠지요. 그렇다면 '내 소중한 이들은 나를 어떤 사람이라 여길까?' 질문해볼 수도 있습니다. 이는 좋은 인생을 꾸려가는 데 열쇠가 되는 물음이지요.

아들러에 따르면, 인생의 문제들 대부분은 인간관계에서 생겨납니다. 또한 그는 '용기'를 가지라고 힘주어 강조합니다. 용기란 역경을 이겨 내는 힘을 뜻하지요. 인격이 잘 갖추어진 사람은 상대의 용기를 일깨우며 힘을 실어줄 줄 압니다. 당신은 목적을 바라보며 용기를 주는 사람인가요, 원인을 캐물으며 용기를 꺾는 자인가요? 주변 사람들에게 나는 어떤 존재인지 곱씹어보기 바랍니다.

미스터 원칙주의의 빛과 그림자
한비

법은 결국 사람을 위해 존재한다.

지도자 노릇을 하기란 여간 힘들지 않습니다. 리더의 주변은 항상 아쉬운 소리를 늘어놓는 사람들로 넘쳐납니다. 물론 지도자는 이들 말을 다 들어주지는 못합니다. 부탁을 들어주지 않을 때 돌아오는 원망과 비난도 오롯이 감내해야 하고요. 게다가 사람들은 지도자가 신과 같기를 바라지요. 어떤 일이든 조금의 실수도 없이 성공하기를 기대합니다.

지도자도 사람인지라 화도 나고 짜증도 납니다. 자신도 어찌해야 할지 답을 모를 때도 많지요. 책임이 큰 자리는 외롭기 마련이고, 상의할 사람도 마땅치 않습니다. 무거운 책임과 부담이 가슴을 짓누르며, 사람들이 보내는 기대와 원망의 눈초리도 눈에 선합니다. 도대체 어떻게 해야 주어진 임무를 잘 해낼 수 있을까요?

오늘도 의무감에 전전긍긍하는 리더라면, 한비韓非 (?~ 기원전 233)에게서 혜안을 찾아보면 어떨까요? 중국의 진秦나라는 한비의 사상을 받아들여 나라의 기강을 단단하게 세웠고, 그 후 진시황은 마침내 중국을 하나로 통일했습니다. 그만큼 한비의 사상은 역사로 검증된 리더십 이론이라 할 만합니다.

한비는 '미스터 원칙주의'라고 부르면 딱 맞을 철학자입니다. 그는 법에는 절대 예외가 없어야 한다고 주장하지요. 법法·술術·세勢는 한비의 가르침을 요약한 말입니다. '법'이란 엄격한 법 적용을, '술'은 벼슬을 주고 뺏는 식으로 상벌을 내리며 신하를 길들이는 기술을, '세'는 군주가 절대 권력을 가지고 있어야 함을 뜻합니다. 한비는 이 중 무엇보다 법에는 절대 예외도 용서도 없어야 한다고 강조합니다.

　…… 자식과 어머니는 애정으로 맺어져 있지만, 신하와 임금은 이익을 저울질하는 사이다. 애정 가득한 어머니도 집안을 보존하기 힘든데, 어찌 임금이 애정으로 나라를 지탱

하겠는가.

뛰어난 외과의사는 환자의 사정을 봐주는 법이 없습니다. 같이 가슴 아파하는 것만으로 병이 나을 리 없으니까요. 병을 고치려면 냉철해야 합니다. 환자가 비명을 지르건 말건 담대하게 아픈 부위를 도려내야 하는데, 한비의 리더십이 바로 이렇습니다. "법을 길로 삼으면 처음에는 고생이지만 결국에는 이익이 된다." 나아가 이렇게도 말합니다.

…… 잣대를 안 쓰고 눈대중으로 치수를 잰다고 하자. 그러면 아무리 뛰어난 목수도 수레바퀴 하나 제대로 만들지 못한다. 그러나 서투른 목수도 줄자를 쓰면 좀처럼 실수하지 않는다. 그러니 임금은 뛰어난 장인匠人들도 선뜻 못 하는 일을 바라지 말라. 줄자처럼 명확하게 법을 세운다면 그저 그런 군주도 실패하지 않을 것이고, 신하들도 힘을 다해 따를 것이다.

지도자는 자신을 감추고 오직 법과 원칙대로 조직이 돌아가고 있는지만 평가해야 합니다. 그렇게만 한다면 지도

자는 "현명하지 않으면서도 현명한 자의 스승이 되며, 슬기롭지 않으면서도 슬기로운 자의 스승이 될" 수 있습니다. 뛰어난 경영자는 혼자 바쁜 법이 없지요. 자신은 태양처럼 가만히 있으면서도 주변 사람들이 '알아서' 제 역할을 하게 만들지요. 제대로 된 법과 이에 따라 상과 벌을 내리는 사심私心 없는 마음, 한비가 바라는 훌륭한 지도자의 조건입니다. 한비의 사상을 바탕으로 한 진나라는 무쇠로 된 전쟁 기계와 같아서, 결국 중국을 통일하는 데까지 이르지요.

하지만 천하무적 진나라는 불과 20여 년 만에 망해버렸습니다. 한비의 사상을 담은 책 『한비자』도 공자를 따르는 선비들에게 오랫동안 악마가 쓴 책처럼 여겨졌습니다. 왜 법과 제도가 공평하고 효과적으로 운영되고 사회를 튼튼하게 만들었음에도 진제국은 금세 망하고 말았을까요?

한비는 법은 모든 사람에게 공평해야 한다고 강조합니다. 당연한 말이지요. 하지만 모든 규칙은 결국 사람들을 위해 있다는 사실을 놓쳐서는 안 됩니다. 조직이나 국가가 문제없이 돌아간다 해도, 그 속의 사람들이 불행하면 아무 소용이 없지요. 아무리 멋진 감옥이라도, 그 속에 있는 죄수는 결국 죄수일 뿐입니다. 규율이 잘 잡힌 진시황의 진나라는 백성들에게 효율적으로 굴러가는 감옥이었을 뿐입니다. 진나라가 빠르게 무너진 사실이 보여주듯, 법과 제도가 잘 굴러가는 것만으로는 충분하지 않습니다. 조직이 반발 없이 안정적으로 운영되려면, 조직 안의 사람들이 행복한지 여부가 무척 중요합니다. 한비 사상의 성공과 실패는 '냉철한 머리와 따뜻한 가슴'이라는 지도자의 두 덕목이 한 사회의 성공과 어떻게 연결되는지 성찰해보는 계기가 되어줄 것입니다.

중첩된 합의가 정의를 만든다

존 롤스

> 민주주의는 초점이 맞지 않는 사진들을 모아
> 함께 보듬으며 세상의 올바른 모습을 찾아나간다.

이슬람 성전을 지어야 할지, 힌두교 신전을 지어야 할지는 두 건물을 모두 지어도, 혹은 아예 어떤 건물도 짓지 않아도, 또는 이슬람과 힌두교를 적당히 합친 성소를 짓는다 해도 해결되지 않는다.

정치학자 새뮤얼 헌팅턴Samuel Huntington이 『문명의 충돌』에서 했던 말입니다. 종교 갈등의 본질을 콕 짚는 말이라 하겠는데요, 신앙을 둘러싼 갈등은 합의나 타협이 어렵습니다. 피를 보고서야 끝나는 경우가 많지요. 정치 논쟁도 만만치 않습니다. 나와 생각이 다른 이들을 설득하기란 개종改宗

시키기만큼이나 어렵습니다.

하지만 놀랍게도 선진 민주국가에서는 종교와 정치를 둘러싼 논쟁이 사회를 결딴내는 지경까지 가는 경우는 거의 없습니다. 우리 사회도 그렇습니다. 옆자리에 앉은 동료가 나와 종교가 다르다고 해코지를 하는 경우는 흔치 않지요. 사람들의 정치적인 성향도 극우에서 사회주의까지 다양하지만, 서로 타협하지 못할 신념을 가진 이들이 함께 모여서도 별 폭력 없이 잘 살아갑니다. 이런 일이 어떻게 가능할까요?

미국의 정치철학자 존 롤스John Rawls (1921~2002)는 그 비결을 '중첩된 합의overlapping consensus'에서 찾습니다. 초점이 맞지 않는 사진을 한 장 한 장만 봐서는 도무지 뭘 찍었는지 알기 어렵습니다. 하지만 여러 장을 보다 보면 그 대상이 무엇인지 어렴풋이 알 수 있지요.

롤스가 보기에 민주사회에서의 정의justice가 바로 이렇습니다. 먼저 우리는 세상에 '합당한 다원주의적 사실fact of reasonable pluralism'이 있음을 받아들여야 합니다. 이는 모두 옳지만 서로 합의하기는 어려운 사실들을 일컫습니다. 예컨대, 부처님과 예수님 중 누가 옳을까요? 두 분의 말씀은 모두 진리입니다. 서로 아주 다른 교리를 펼쳐도 둘 다 인정할 만

하지요.

정치적 논쟁도 다르지 않습니다. 자유주의를 최고로 여기는 분도 있고, 사회주의에 끌리는 분도 있어요. 둘 가운데 한쪽이 자기 신념을 포기할 가능성은 거의 없겠지요. 화해나 타협도 어려울 겁니다. 그러나 이 둘은 모두 초점이 맞지 않는 사진일 뿐입니다. 민주주의는 이들을 모아 함께 보듬으며 세상의 올바른 모습을 찾아나갑니다.

무엇보다 롤스는 우리에게 연방대법관처럼 생각하라고 충고합니다. 법관은 자신의 종교적, 정치적 신념에 따라 판결을 내려서는 안 되지요. 신앙이나 정치적 성향과 상관없이 누구나 받아들일 만한 합리적인 결론을 내놓아야 합니다. 실제 최고법원의 판결들은 그러합니다. 그렇다면 일상에서도 서로의 종교나 정치적 성향에 매달리지 않고도, 합리적인 합의가 가능하지 않을까요? 롤스는 이렇게 말합니다.

정치적 협력은 아주 위대하다. 이는 관용과 상대의 요구를 어느 정도 들어주려는 용의, 정당성과 공평함을 중히 여기는 문화가 있기에 가능하다. 이런 문화가 사회에 널리 퍼져 있다면 공공선을 훌륭하게 이루어낼 것이다.

나아가, 롤스는 이런 중첩적 합의를 이루기 위한 구체적인 지침도 일러줍니다. 이를 흔히 '맥시민maximin 원리' 혹은 '최소 수혜자 배려의 원칙'이라고 합니다. 무엇을 추진할 때마다 이번 조치로 내가 가장 불리한 상황에 처할 것이라 가정해본 뒤, 그런데도 고개를 끄덕일 만하다면 그 일은 추진해도 문제가 없을 것입니다.

　롤스가 말하는 '중첩적 합의'란 일시적인 타협이나 중재가 아닙니다. 중첩적 합의는 논란을 매듭지으며 도덕윤리를 발전시켜가지요. 미국을 예로 들어볼까요? 현대의 인권 개념은 노예 해방 문제를 놓고 벌어진 남북전쟁에서부터 모든 인종의 평등한 교육권을 인정한 브라운 대 교육위원회 판결, 여성과 소수자 차별을 없애기 위한 민권운동에 이르기까지 숱한 논쟁 속에서 중첩된 합의를 거치며 현재에 이른 것입니다.

　중요한 것은 이 모든 논쟁에서 최소 수혜자 배려의 원칙이 살아 있었다는 점입니다. 사회는 가장 불리한 처지의 사람조차 배려를 받게 되었을 때 비로소 발전했다 할 수 있습니다. 일찍이 철학자 헤겔은 "역사란 인간의 자유가 확대되는 과정"이라고 말했다지요. 처음에는 극소수의 귀족 남자만 자유를 누렸지만, 점차 평민 남성도, 여성도 자유롭고 가치 있는 존재로 여겨지게 되었습니다. 결국 최소 수혜자들마저 존중받는 쪽으로 역사가 발전해왔다는 뜻입니다.

그렇다면 지금의 우리 사회는 어떨까요? 세상은 언제나 숱한 논쟁과 갈등으로 가득하지만, 롤스는 어떤 문제든 중첩적 합의를 통해 극복할 수 있다고 주장합니다. 논쟁에 앞서 스스로에게 물어보세요. "논쟁에서 내가 이긴다면, 이 때문에 가장 불리한 처지에 놓이게 될 사람은 누구인가?", "그 사람을 설득하려면 어떤 대안이 필요할까?"

이 두 질문에 긍정적인 답을 찾을 때, 갈등은 세상을 더 나아지게 할 기회로 거듭납니다. 절대 진리에 대한 확신은 타협을 불가능하게 만들고 논쟁을 전쟁으로 만들어버리지요. 반면, 중첩적 합의가 가능하다는 믿음은 논란을 발전의 계기로 삼게끔 합니다. 그렇다면 말도 많고 탈도 많은 우리 사회에 필요한 것은 확고한 이념일까요, 민주적인 문화일까요? 이 과정에서 배려해야 할 최소 수혜자는 누구일까요?

환대의 순환고리를 만들라
윌 버킹엄

낯섦에 친숙해져라.

뗸석기, 즉 구석기는 가장 원시적인 도구입니다. 그런데 돌
도끼를 직접 만들어본 적 있는지요? 실제로 해보면 무척 어
렵습니다. 잘 깨지는 돌로 만들면 쉽게 물러서 금방 못 쓰게
되고, 너무 단단한 돌은 원하는 모양대로 다듬기 어렵습니
다. 우리는 21세기 첨단 문명사회에 살고 있지만, 혼자서는
아주 단순한 뗸석기 하나 만들기도 쉽지 않습니다.

　　그러나 돌도끼를 쉽게 만드는 방법이 하나 있습니다.
이를 만드는 누군가의 모습을 보고 따라 하는 것입니다. '아,
내가 이걸 왜 몰랐지?' 하며 돌 다듬는 기술이 빠르게 늡니
다. 이렇듯 간단한 도구 하나를 만드는 데도 '문화'가 필요합

니다. 많은 사람이 쌓아온 노하우, 그리고 이를 서로 가르치고 배우는 시스템이 있어야 한다는 뜻입니다.

고대 그리스의 아테네, 로마제국의 수도인 로마, 20세기의 뉴욕과 런던, 우리 시대의 실리콘밸리 등은 한 시대의 중요한 발전을 이루어낸 도시들입니다. 이들의 특징은 낯선 사람들로 가득하다는 데 있습니다. 새로운 사람을 만나 다른 생각과 마주칠 때, 우리의 지혜는 한 뼘 높게 자라납니다. 다양한 만남이 중요한 이유는 여기에 있지요.

그렇지만 낯선 이와 관계를 꾸리는 일은 어렵기만 합니다. 영국의 철학자 윌 버킹엄Will Buckingham(1971~)에 따르면 이방인에 대한 두려움, 즉 '제노포비아xenophobia'와 낯선 이에게 마음이 끌리는 '필로제니아philoxenia'는 인간 본성의 두 측면입니다. 새로운 사람과 함께할 때를 떠올려보세요. 한편으로는 이상하고 독특한 캐릭터일지 몰라 경계하게 되지만, 다른 한편으로는 어떤 사람인지 호기심이 일지는 않았나요?

사실 제노포비아, 이방인에 대한 혐오에는 진화적인 이유가 있습니다. 무리 밖 사람은 우리에게 전염병을 옮길 수도 있습니다. 게다가 상대를 친절하게 맞았는데, 만약 그가 나의 목숨과 재산을 노리는 강도이기라도 하면 정말 큰일이지요. 그래서 낯선 이를 보면 본능적으로 경계하며 밀쳐내고픈 마음이 듭니다. 그러나 의심과 두려움을 이겨내고, 호의와 호기심으로 낯선 이를 받아들일 때 비로소 새로운 가능성이 열립니다. 우리는 늘 반복되는 일상에서 벗어나기를, 지금과는 다른 가슴 뛰는 삶을 살기를 꿈꾸곤 하지요. 그래서 변화를 가져다줄 낯선 이에 대한 끌림, 필로제니아는 언제나 우리 마음 밑바닥에서 꿈틀거립니다. 불편함을 이겨내고 낯선 이와 만남을 잘 꾸리려면 어떻게 해야 할까요?

월 버킹엄은 '환대의 순환고리' 속으로 들어가라고 충고합니다. 어느 사회에나 의심은 없애고 호의는 키우기 위한 리추얼ritual이 존재합니다. 인간관계는 서로 주고받는 과정에서 단단해져요. 내가 밥을 사면 상대도 언젠가는 나를 대접하고, 내가 선물을 하면 상대방도 그만큼의 호의를 되돌려줍니다. 이 과정을 통해 불신은 가라앉고 호감이 서서히 자리 잡지요. 이것이 환대의 순환고리입니다.

월 버킹엄에 따르면, 관계를 꾸리는 데는 베풀기만큼이나 통 크게 받는 태도도 중요합니다. 형편이 어려운데도 과하게 대접하는 사람을 떠올려보세요. 받는 마음이 편하기만

할까요? 그럴 리 없습니다. 걱정하는 마음에 상대의 호의를 밀쳐내기 쉽지요. 나를 챙기는 정성으로, 상대방 자신부터 먼저 챙기라는 좋은 의도에서 나온 행동일 것입니다. 그렇지만 상대는 이러한 배려가 되레 기분 나쁠 수 있어요. '나를 동정하는 건가? 내가 그렇게 불쌍해 보여?'와 같은 식으로 말이지요. 윌 버킹엄은 여러 문명사회에서 벌어지는 호의와 환대에 얽힌 오해와 갈등을 꼼꼼하게 소개하는데, 이런 불편한 상황에서 벗어나려면 일단 상대의 과한 호의를 통 크게 받을 줄 알아야 한다고 강조합니다. 그리고 여러 차례에 걸쳐 받은 만큼, 아니 그 이상을 상대에게 베풀어야겠지요.

환대의 순환고리에서 일대일 교환은 금기에 가깝습니다. 내가 만 원어치 대접을 받았다고 해서 상대에게 곧바로 만 원을 건넨다면 어떨까요? 이는 당신과 관계를 맺지 않겠다는 의미로 느껴질 터입니다. 환대의 기본은 비대칭입니다. 받은 양과 상대에게 주는 양이 계산적으로 딱 맞게 떨어지지 않아야 해요. 나아가 주고받음이 거래로 느껴지지 않게끔 시차를 두고 천천히 이루어져야 합니다. 관계를 가꾸는 데는 이렇듯 섬세한 노력이 필요합니다.

제노포비아와 필로제니아는 늘 위태위태한 긴장 관계

입니다. 낯선 이에 대한 호의가 순식간에 적대감으로 바뀌는 경우가 드물지 않습니다. 그래서 윌 버킹엄은 우리에게 낯섦에 친숙해지라고 강조합니다. 새로운 사람을 끊임없이 만나며 호의와 호기심을 주고받는 법을 연습하라고 하지요. 인간관계의 기술도 공부만큼이나 열심히 노력해야 제대로 펼칠 수 있으니까요.

이방인에 대한 혐오는 살기 힘들 때 만연합니다. 반면, 환대하는 마음은 호황기 때 피어나지요. 그러나 성공적인 공동체는 먹고살기 어려울 때도 낯선 이들을 반갑게 맞아들일 줄 압니다. 그래야 새로운 가능성을 만나며 위기를, 성장을 위한 도전으로 바꿀 수 있으니까요. 세계적인 경기 침체기, 제노포비아가 또다시 꿈틀거리는 요즘입니다. 필로제니아를 펼치기 위해서는 어찌해야 할지 고민해볼 때입니다.

'모성애'가 중심이 되게 하라
샬럿 퍼킨스 길먼

> 진심으로 깨닫고 힘을 쏟는 방향을 재설정한다면,
> 30년 후 인생은 완전히 바뀔 수 있다. 이 세상 역시 그러하다.

'쾌락의 역설hedonistic paradox'이라는 말이 있습니다. 쾌감을 주던 것도 계속되면 고통으로 바뀐다는 뜻입니다. 예컨대, 맛있는 음식은 즐거움을 안기지요. 하지만 배가 부른데도 억지로 계속 먹어야 한다면 어떨까요? 식욕이 주던 행복은 버거움과 고통으로 바뀌어버릴 테지요.

현대의 자본주의는 이러한 쾌락의 역설에 빠져버린 듯싶습니다. 혁신과 경쟁이 가져오는 자본주의의 놀라운 생산력은 원래 좋은 것이지요. 그러나 쏟아지는 상품들로 포화 상태가 되어버린 시장은 되레 사람들에게 고통과 근심을 안겨주고 있습니다.

이런 현실을 헤쳐나가기란 쉽지 않습니다. 기업과 정부

는 어떻게든 사람들의 소비 욕구를 부추겨 더 많이 사서 쓰게 하려고 애를 태우지요. 배부른 사람의 입맛을 억지로 돋우어 더 먹도록 닦달하는 꼴입니다. 이렇게 해서 과연 자본주의의 위기를 해결해나갈 수 있을까요?

수많은 혁신에도 경제성장률이 떨어지는 데는 다 이유가 있습니다. 경제가 언제까지나 무한히 성장할 수는 없습니다. 그렇다면 시장 규모를 키우는 데 목매기보다 새로운 길을 여는 과감한 사회공학적 상상을 해야 하지 않을까요?

이러한 점에서 20세기 초 페미니스트였던 샬럿 퍼킨스 길먼Chatotte Perkins Gilman (1860~1935)은 새로운 통찰을 선사합니다. 그녀는 페미니즘 유토피아 3부작이라 불리는 『내가 깨어났을 때』, 『허랜드』, 『내가 살고 싶은 나라』에서 경제성장이 아닌 육아가 국가의 제1목표인 새로운 세상을 그립니다. 양육을 가장 우선시하는 사회는 과연 어떤 모습일까요?

육아가 중심인 나라에서 최고의 엘리트는 '엄마'입니다. 하지만 아무나 엄마가 될 수 없는데요, 아이를 낳아 돌보고 싶다면 관련된 학위를 따야 하기 때문입니다. 길먼은 이를 '후마니컬처humaniculture'라 부릅니다. 육아와 가사에 대한 전문지식을 일컫는 말이지요.

그녀의 논리는 이렇습니다. 치과의사가 되려면 오랜 수련과 공부가 필요하지요. 아이를 제대로 키우는 데는 치아를 고치는 일보다 훨씬 복잡하고 섬세한 지혜가 요구됩니다. 엄마가 되기 위해 제대로, 전문적인 교육을 받아야 하는 이유가 여기에 있습니다.

길먼은 인류의 절반이 매달려왔지만 역사상 제대로 관심을 받지 못했던 '어둠의 노동', 즉 가사와 육아를 빛 가운데로 끄집어낸 사람으로 평가받습니다. 육아를 국가적 사업으로 만들고 부모를 양육 전문가로 교육시키는 데는 엄청난 장점이 있습니다. 무엇보다 사람들은 제대로 된 육아 전문가 밑에서 안정적인 어린 시절을 보내게 되겠지요. 마음의 문제가 있어 사회에 적응하지 못하는 성인들로 자라날 가능성이 크게 줄어들 겁니다. 세월이 흐르면 범죄 예방이나 심리 치료에 드는 비용도 덩달아 줄어들 터입니다.

그뿐 아닙니다. 가사 노동이 제대로 대우를 받으면 가사 전담 노동자들의 자존감도 한껏 올라갑니다. 일터에서 더 많은 시간을 보내야 하는 다른 가족 구성원도 같이 행복해집니다. 집안일에 치여 짜증과 화가 가득한 사람과 함께 지내며 행복하기란 쉽지 않습니다. 가사 노동과 육아에 국가적인 힘을 가장 먼저 기울이고 혁신해야 하는 이유도 여기에 있습니다. 모든 가정이 화목하고 편안하다면 전체 시민사회도 밝아지지 않을까요?

나아가, 길먼은 '모성애'가 사회의 근본원리로 자리 잡아야 한다고 힘주어 말합니다. 자본주의는 경쟁을 통해 사람들의 의욕을 부추기지요. 그러나 경쟁은 숱한 패배자와 사회 불만을 낳곤 합니다. 길먼은 그녀의 소설 『허랜드』에서 우리에게 묻습니다. "경쟁을 붙이지 않는다고 엄마들이 자식들에게 무관심해질까요?" 물론 그럴 리 없습니다. 경쟁이 없더라도 아이에 대한 애정은 무한히 샘솟지요. 모성애는 인간의 본능이니까요.

길먼은 경쟁심 대신 모성애가 사회에 뿌리내려야 한다고 주장합니다. 모성애가 남성에게도 '세2의 본성'이 될 정도로 말이지요. 한마디로 길먼은 "어머니다움이 사회를 지배하고, 모든 예술과 산업에 영향을 미치며, 모든 아이를 절대적으로 보호하고, 완벽하게 아이를 보살피고 교육하는 사회"를 꿈꾸었던 것이지요.

길먼의 상상은 100여 년 전에는 황당한 이야기였을지도 모릅니다. 하지만 현대의 복지국가는 이미 그녀의 생각과 비슷한 데가 꽤 많아요. 길먼은 『내가 깨어났을 때』의 서문에서 이렇게 씁니다. "진심으로 깨닫고 힘을 쏟는 방향을 재설정한다면, 30년 후 사람의 인생은 완전히 바뀔 수 있다. 이 세상 역시 그러하다."

한계에 부딪힌 자본주의는 과감한 상상력을 요구하고 있습니다. 남성성의 대안으로 여성성이 점점 주목받고 있기도 하지요. 모계 문화는 인류가 잊고 있던 오랜 자산입니다. 길먼의 페미니스트 유토피아 3부작을 꼼꼼히 읽으며, 모성애에서 미래를 열어갈 새로운 가능성을 찾아보면 어떨까요?

5장　　이기려 하지 말고, 초연하라!

변화를 위한 마음챙김의 지혜

속도가 곧 실력은 아니다

레프 비고츠키

우리는 다른 사람처럼 되려 하면서도 더 뛰어나려고 기를 쓴다.

20세기 초, 미국의 인디애나주에서는 '게리 플랜Gary plan'이라고 알려진 교육개혁이 이루어졌습니다. 학생들을 나이로 나누어 그룹을 만들고, 표준화된 시간표에 따라 정해진 과정을 배우도록 하는 내용입니다. 그 후로 이런 방식은 100년 넘게 학교교육의 표준으로 자리 잡았습니다. 즉, 연령에 따라 학년을 나누고, 교육과정을 따라 정해진 과목을 모두 이수해야 졸업을 시키는 식이지요.

하지만 생각해보면, 이런 방식의 교육은 조금 이상합니다. 왜 흥미나 적성, 성취도 수준이 아닌 나이로 학생들을 나누어 가르쳐야 할까요? 대학의 학제를 살펴보면 고개를 더욱 갸웃하게 됩니다. 전자공학과 미술, 인문학을 예로 들어 보겠습니다. 이들 각각의 분야는 공부량과 배우는 데 필요한 시간이 제각각입니다. 그런데도 학사학위를 받기 위해서는 전자공학도 4년, 미술도 4년, 인문학도 4년의 과정을 마쳐야 합니다. 왜 이렇듯 똑같이 규격화된 학기와 과정을 따라야 할까요?

획일화, 표준화된 교육과정에서는 주어진 과입을 불평 없이 묵묵히 해내는 학생이 좋은 평가를 받습니다. 하버드 교육대학원의 토드 로즈Todd Rose 교수는 이 같은 현실을 다음과 같이 비판합니다. "우리는 다른 사람들처럼 되려고 기를 쓴다. 아니, 더 정확히 말해서 우리는 다른 모든 사람처럼 되려 하면서도, 더 뛰어나려고 기를 쓴다."

자신의 욕구와 바람을 누르며 주어진 과제를 해내도록 길들여진 인재는 다루기 쉽습니다. 그래서 조직에서 사랑받곤 하지요. 하지만 변화와 혁신이 생존 전략인 21세기에는 그 이상의 능력이 필요합니다. 주어진 과정에 순응하도록 잘 훈련된 사람이 독창성과 상상력, 그리고 다르게 생각하는 용기를 펼치기란 쉽지 않기 때문입니다. 그렇다면 우리 시대에 필요한 인재를 기르려면 어떻게 해야 할까요?

이 물음에 옛 소련의 교육심리학자 레프 비고츠키^{Rev}

Vigotsky(1896~1934)는 우리에게 혜안을 보여줍니다. 그는 '근
접발달영역Zone of Proximal Development, ZPD'으로 잘 알려진 학자
입니다. 근접발달영역이란 학생이 혼자서 깨닫고 익힐 수
있는 수준과, 협동과 교육을 통해 그 이상을 배울 수 있는 것
사이의 차이를 일컫는 말입니다. 우리가 학교에 다니는 이
유도 여기에 있지요. 혼자서 배우는 것보다 다른 친구들, 선
생님들과 함께할 때 더 많은 것을 더 수월하게, 더 높은 차원
으로 익힐 수 있기 때문입니다.

나아가, 아예 모르는 것은 바랄 수도 없습니다. 혼자 있
을 때는 호기심과 욕망도 쪼그라들지요. 사람들은 혼자서라
면 결코 알지도, 시도하지도 않을 일을 누군가를 보며 하게
되는 경우가 많습니다. 학창 시절에 다른 친구들이 청소하
는 법, 인간관계 맺는 방식 등등을 보면서 '아, 나도 저렇게
하면 되겠구나!' 하며 깨닫고 더 잘하게 되었던 경험이 있지
않나요?

하지만 입시를 위해 촘촘하게 짜인 교육환경에서 근접
발달영역은 다른 의미로 다가옵니다. 입시 경쟁에서 다양한
관점과 생각은 되레 독이 되곤 하지요. 필요한 지식을 남보

다 '빨리' 이해해서 많이 반복해야 좋은 성적을 거둘 수 있기 때문입니다. 이런 상황에서 근접발달영역의 목적은 '높은 성적'으로 좁혀집니다. 뛰어난 선생님 그리고 같은 목표를 놓고 치열하게 경쟁하는 친구들이 있을 때, 나의 성취 수준은 혼자 공부할 때보다 훨씬 올라갑니다. 그렇지만 이런 모습이 답답하고 그다지 바람직하지 않게 느껴지지 않는 까닭은 무엇일까요?

일단 학교를 졸업하고 나면, 남보다 빠르게 배웠다는 사실이 경쟁력이 되는 경우는 많지 않습니다. 구굿셈을 일곱 살에 떼었건, 초등학교 5학년이 되어서야 비로소 익혔건, 어른이 된 후에는 별로 중요하지 않지요. 셈만 할 수 있으면 되니까요. 마찬가지로 운전면허증을 한 번에 땄건, 열 번 떨어진 후에 가까스로 손에 넣었건 큰 차이가 없습니다. 운전을 잘할 수 있으면 된 거니까요. 그렇지만 주어진 시간 안에 공부해야 할 내용을 소화해야 하는 환경에서는 배우는 속도가 곧 실력이 되어버리지요. 이쯤 되면 "학교에서 우등생이었다 해도 사회에서 꼭 실력자로 통하는 것은 아니다"라는 속설이 왜 생겼는지 이해될 듯싶습니다.

일터에 있는 주변 사람들을 떠올려보세요. 어떤 인재가

많아 보이나요? 토드 로즈 교수는 "평균을 놓고 겨루면 평균적으로 성공하기 힘들다"라고 강조합니다. 다른 모든 이들과 똑같은 길을 가면서도, 단지 남들보다 더 뛰어나고자 경쟁하는 상황에서는 우리 시대가 요구하는 독창성과 상상력, 다르게 생각하는 용기를 펼치기 어렵다는 의미입니다.

에디슨은 학교에서 낙제했고, 아인슈타인도 졸업 성적이 좋지 못했습니다. 빌 게이츠도, 스티브 잡스도 대학 중퇴생이었지요. 남다른 길을 여는 사람들은 흔히 부적응자로 여겨지기 쉽습니다. 하지만 주어진 길을 벗어나 새로운 가능성을 여는 이들 덕분에, 세상에는 인류가 나아가야 할 새로운 근접발달영역이 열리곤 합니다. 비고츠키는 혁신과 변화를 위해서는 무엇이 필요한지 우리에게 묻고 있습니다.

대도시에는 창의력이 없다

에릭 호퍼

편안한 상태에서 개성을 보듬을 때 새로운 생각이 샘솟는다.

부동산을 둘러싼 다툼은 심각한 사회 갈등을 낳곤 합니다. 일찍이 경제학자 헨리 조지Henry George는 가난에서 벗어나려면 땅 문제부터 해결해야 한다고 주장했습니다. 수입이 늘어도 임대료와 집세가 같이 올라가면 '말짱 도루묵'이기 때문입니다. 부동산은 날로 커지는 빈부 격차의 중심에 놓인 문제이기도 합니다.

철학자들도 부동산을 둘러싸고 줄곧 논쟁을 벌여왔습니다. 존 로크John Locke와 존 스튜어트 밀John Stuart Mill에 따르면 '땅은 누구의 것'이라는 생각은 받아들이기 어렵습니다. 자신이 땀 흘려 노력해 얻은 것에 대해서는 누구라도 '내 것'

이라고 주장할 만하지요. 그러나 땅은 원래부터 있는 것일 뿐, 인간의 노력으로 만들어지지 않았습니다. 공기를 내 것, 네 것으로 가르는 일이 황당하듯, 땅을 둘러싼 다툼도 마찬 가지라고 보는 것입니다.

하지만 이유 없이 오래가는 싸움은 없습니다. 시장이 제대로 돌아가려면, 누구 것인지가 분명하게 가려져야 합니다. 시장은 애매한 것을 내버려두지 않으니까요. 부동산에 대한 권리도 다르지 않습니다. 도시경제학자 에드윈 밀스Edwin Mills는 사람들이 몰려들어 땅값이 치솟는 일은 경제가 성장하기 위한 '성장통'과 같다고 주장합니다. 하지만 높은 땅값은 점점 경제에 부담이 되고, 부동산을 둘러싼 갈등도 점점 심각해지고 있지요. 꼬일 대로 꼬인 부동산 문제를 해결할 방법은 없을까요?

크게 보면 지금의 정보통신 문명은 이미 해법을 찾아가고 있는 듯싶습니다. 사업을 하려면 큰 시장 가까이에 있는 편이 유리하지요. 옷을 사려는 고객이 파리에 1,000명, 뉴욕에 20명, 서울에 5명 있다면 어떻게 해야 할까요? 옷을 파는 사람도 소비자도 시장이 크고 선택권이 많은 파리로 몰리겠지요. 인구가 많은 대도시 상권의 임대료가 비싸지는 이유입니다.

그러나 인터넷 쇼핑이 일상화되면서 시장의 모습은 달라지고 있습니다. 세계 어느 곳에 있건 웹을 통해 주문하고 택배를 통해 상품을 받을 수 있기 때문입니다. 공장은 중국에, 인터넷과 전화 상담원은 인도에, 본사 사무실만 대도시에 있는 회사들은 지금도 드물지 않습니다.

교육의 상황도 마찬가지입니다. 온라인 강의가 점점 늘어나고 있고, 웹으로 과제를 주고받으며 댓글로 질문하는 일도 이미 일상으로 자리 잡은 풍경입니다. 좀 더 시간이 흐르면 좋은 학교가 있다는 이유로 동네 집값이 비싸지는 현상도 사라질지 모릅니다.

일터는 일손을 쉽게 구할 수 있는 인구 밀집 지역에 자리 잡아야 유리합니다. 하지만 정보와 지식 위주의 산업은 꼭 그렇지만도 않습니다. 어지간한 업무는 웹과 전화로 해낼 수 있으니까요. 게다가 경제는 갈수록 비싼 임대료와 집값을 견뎌내기 어려운 구조로 바뀌어가고 있습니다.

이렇게 보면 대도시의 골칫거리인 부동산 문제는 과학 기술이 더욱 발전한 먼 미래에는 저절로 풀려나갈 듯싶습니다. 비좁은 곳에서 탁한 공기를 마시며 살고 싶은 사람이 얼마나 될까요? 집값이 싸고 공기 좋은 곳에서 도시에서만큼 편리함을 누리고 일자리를 구할 수 있다면, 사람들은 세상 곳곳으로 흩어지게 될 터입니다. 경쟁이 치열하지 않다면 내 것과 네 것을 둘러싼 싸움도 줄어들기 마련이니까요. 땅이 넉넉하고 집값도 싸진다면 자연히 부동산을 둘러싼 다툼도 잦아들 것입니다.

인류가 도시 생활을 꿈꾸어온 지는 수백 년이 채 되지 않습니다. 역사상 도시는 전염병이 들끓고 사기와 혼란이 판치는 곳이었지요. 사람들 대부분은 제대로 된 일자리와 수입을 얻을 수만 있다면 위험한 도시보다 시골에서 살기를 원해왔습니다. 현대의 도시도 별다르지 않습니다. 높은 집값은 살림을 쪼들리게 하고 각박한 인심은 가슴을 움츠리게 만들지요. 도시의 밤은 외롭습니다. 너무 많은 사람과 마주치기에 관계는 오히려 데면데면해지지요. 반면, 너무 작은 마을도 다른 의미에서는 살기 힘든데요, 조금만 눈에 띄는 행동을 해도 금방 사람들 입에 오르내리는 탓입니다.

사생활을 보장받으면서도 인간적인 만남이 이루어지는 곳은 보통 소도시들입니다. 창의적인 인물들도 대개 소도시에서 나오곤 하지요. 마음이 편안한 상태에서 자신의 개성도 보듬을 수 있을 때 새로운 생각이 샘솟기 때문입니다. 철학자 에릭 호퍼Eric Hoffer(1902~1983)의 말입니다.

창의적인 천재가 많이 등장했던 시절 예루살렘, 아테네, 암스테르담, 비엔나 같은 도시들이 얼마만 했는지를 떠올려보면 그의 말이 틀린 것 같지 않습니다. 아리스토텔레스도 도시의 바람직한 규모는 '언덕에서 소리치면 누구나 들을 수 있는 정도의 크기'라고 보았지요. 발달하는 정보통신기술은 장차 도시의 사이즈를 다시 이 정도로 줄여놓지 않을까요?

정보통신기술은 혼잡한 대도시에 살아야 할 이유를 점점 줄여가고 있습니다. 치솟는 집값에 불안해지는 마음을 내려놓고, 부동산 문제를 다르게 바라보는 혜안이 필요할 때입니다.

우리는 여전히 삶을 사랑하는가
에리히 프롬

살아 있는 것은 무질서하다.

차만 타고 다니고 걷지 않는다면 근육은 점점 약해집니다. 그래서 사람들은 건강을 지키기 위해 끊임없이 운동하지요. 정신적인 능력도 다르지 않습니다. 컴퓨터나 인공지능에 계속 의지하다 보면 기억력, 집중력, 셈하기 같은 능력이 점점 떨어집니다. 우리가 책을 읽고 좋은 강의를 들으며 공부해야 하는 이유입니다. 머리를 써야 정신의 능력을 지킬 수 있으니까요.

그렇다면 감정은 어떨까요? 세상에는 재미있는 것이 널려 있습니다. 사랑의 감정 샘을 울리는 영화나 드라마, 모험과 도전을 엿보며 성취감을 느끼게 하는 볼거리들이 어디

한둘이던가요? 직접 연애하지 않아도, 위험에 뛰어들지 않아도, 우리의 가슴을 감동과 재미로 채우기란 그다지 어렵지 않습니다. 하지만 감정을 이렇듯 수동적으로만 느끼며 살아도 괜찮을까요? 독일의 사회심리학자 에리히 프롬Erich Fromm(1900~1980)은 현대인들에게 "우리는 여전히 삶을 사랑하는가?"라고 물음을 던집니다. 그가 보기에 현대 문명은 삶이 아닌 죽음을 더 사랑하기 때문입니다.

에리히 프롬에 따르면, 산업 문명에서는 네크로필리아necrophilia, 즉 죽음에 대한 사랑이 삶에 대한 사랑인 바이오필리아biophilia를 맹렬하게 밀어내고 있습니다. 직장에서 일할 때는 내가 어떻게 느끼는지는 중요하지 않습니다. 상황에 맞게끔 감정을 다스리며 적절하게 처신하는 능력이 훨씬 필요하지요. 내 생각과 감정을 누르고 주변의 기대에 맞게 행동할수록 사회생활 잘한다고 칭찬받을 겁니다. 하지만 에리히 프롬은 이럴수록 '삶을 사랑하는 능력'은 되레 움츠러든다고 걱정합니다.

감정을 잘 숨기며 규율에 따라 움직이는 나를 과연 '진정한 나'라 할 수 있을까요? 오히려 조직과 세상의 바람에 따라 움직이는 로봇이 되어버린 것은 아닐까요? 여기서 에리히 프롬은 '죽음에 대한 사랑'을 읽어냅니다. 살아 있는 것은 무질서합니다. 어떻게 움직일지, 마음과 동작이 어디로 튈지 예측하기 어렵습니다. 반면, 죽어 있는 것은 내 뜻대로 정돈하고 관리하기 쉽지요. 그렇다면 계획을 촘촘하게 짜서 불확실성을 없애는 사회와 내가 어떻게 해야 할지를 알려주며 일일이 통제하는 조직은 나를 살리고 있을까요, 나를 죽이고 있을까요? 이쯤 되면 직장 생활에 익숙해질수록 왜 자꾸만 '제대로 살고 있을까?' 하며 곱씹게 되는지, 때때로 안정된 자리를 박차고 나가고픈 충동에 시달리는지 짐작할 수 있을 듯싶어요.

에리히 프롬은 나의 영혼이 사라지고 있는 듯하다면 자신을 방치하지 말라고 충고합니다. 그는 이렇게 말합니다. "고통은 최악이 아니다. 최악은 무관심이다. 고통스러울 때는 그 원인을 없애려 노력할 수 있다. 하지만 아무 감정이 없을 때는 마비된다." 무엇보다 우리는 '살아 있어야' 합니다. 나와 생각과 느낌이 다른 사람들과 갈등을 겪으며 충실하게 가슴앓이를 하라는 뜻입니다. 다툼을 피하려고만 한다면, 상대도 나도 어느 순간부터 마찰 없이 잘 돌아가는 기계가 될 뿐이니까요. 흥분하더라도 금세 가라앉으며 저절로 감정 조절이 되는 상태가 꼭 좋지만은 않아요. 잘 작동하는 기계는 편리하지만 이내 사람들의 관심에서 벗어납니다. 어느 순간 당신도 사무실 집기처럼 당연히 그 자리에서 기능하는 '물건'이 되어버리겠지요.

나아가, 이런 분위기는 주변 사람들까지 죽음에 대한 사랑으로 물들입니다. 에리히 프롬의 말을 좀 더 들어볼까요? "어떤 나무한테는 축복인 습기와 햇볕이 다른 나무는 죽일 수도 있다. 인간도 다르지 않다. 안타깝게도 부모와 교사는 대부분 정원사보다 못하다. 정원사는 자기가 키우는 식물에 대해 잘 알지만 우리네 부모와 교사는 인간에게 무엇이 유익한지 잘 모른다."

MZ세대 직장인들이 왜 선배들을 '꼰대'라고 부르며 혀를 차는지 이해되는 구절입니다. '식물에게는 이렇게 하는 것이 좋아'라는 신념을 가지고 모든 꽃과 나무에게 똑같이 물을 주고 온도를 맞추면 곧 모든 식물이 시들시들해질 겁니다. 풀 한 포기, 나무 한 그루마다 특징이 다 다르기 때문입니다. 자기도 모르게 죽음에 대한 사랑을 펼친 셈이지요. 반면, 좋은 정원사는 다름과 차이를 예민하게 알아채며 식물 하나하나의 요구를 세심하게 헤아립니다. 죽음에 대한 사랑에 이끌리지 않고 생명에 대한 사랑을 키워내려면 우리 역시 훌륭한 정원사와 같아야 합니다.

하지만 삶을 사랑하는 일, 나와 상대방을 생생하게 살아나게 하는 일은 결코 생명 없는 물체를 다룰 때처럼 쉽지 않습니다. 그래서 에리히 프롬은 실망을 참고 견디는 용기, 일을 그르쳐도 인내심을 갖고 지켜보는 용기를 강조하고 또 강조합니다. 예측 불가능하며 자기 생각을 굽히려 하지 않는 동료 때문에 힘들다면 그럴수록 상대가 품은 자기다움과 생명력이 제대로 살아나도록 도와주면 어떨까요? 이 과정에서 내 안의 생명력도 무럭무럭 자라날 테니까요. 운동은 힘들지만 몸을 건강하게 만들지요. 관계를 가꾸는 과정에서 생기는 가슴앓이 역시 그렇습니다. 갈등과 다툼은 내 마음을 생생하게 살아 있게 하는 보약과도 같습니다. '우리는 여전히 삶을 사랑하는가?'라는 에리히 프롬의 물음을 되새길 때입니다.

비관주의는 힘이 된다

아르투어 쇼펜하우어

인생이란 어떻게든 끝마쳐야 하는 한 편의 과제다.
이를 견뎌내는 것만으로도 충분히 멋진 일이다.

아르투어 쇼펜하우어Arthur Schopenhauer(1788~1860)는 까칠한 철학자였습니다. 그는 사람들을 대놓고 경멸했는데, 식당에 가면 꼭 2인분의 식사를 시켰다고 합니다. 자기 앞에 아무도 앉지 못하게 하기 위해서였다고 하지요. 쇼펜하우어는 유머 감각이 넘쳤고 재치 있게 말할 줄도 알았습니다. 하지만 그의 농담에는 다른 이들의 속을 긁는 가시가 있었습니다.

육십에 이를 때까지도 쇼펜하우어는 거의 인정받지 못했습니다. 그 이유는 쉽게 예상할 수 있듯, 주변을 업신여기고 괴팍한 사람이 존경과 사랑을 받는 일은 드무니까요. 절망감에 휩싸인 그는 환갑을 넘어서 『소품과 보유집Parerga und Paralipomena』이라는 짧은 작품을 하나 내놓는데, 제목 그대로 작은 생각과 자기 사상을 보충할 메모를 담은 책이었습니다. 우리나라에서는 보통 『쇼펜하우어 인생론』이라는 제목으로 번역, 출판되곤 하는 서적이지요. 이 작은 책은 곧 대박을 터뜨렸습니다. 이 책 덕분에 사람들은 비로소 괴상한 성품의 철학자에게 관심을 두기 시작합니다. 『소품과 보유집』은 지금도 세계적으로 가장 많이 읽히는 철학책이기도 합니다. 이 책에는 도대체 무슨 내용이 담겨 있을까요?

쇼펜하우어는 책머리에서부터 여지없이 삐딱선을 탑니다. "우리가 살아가는 목적은 괴로움이다." 세상은 온통 아픔으로 가득 차 있고, 살면서 우리 뜻대로 되는 것은 별로 없다는 뜻입니다. 별 어려움 없이 일이 술술 풀린다고 해도 삶이 고통스럽기는 마찬가지이지요. 이번에는 권태와 지겨움이 당신을 괴롭힐 테니까요. 쇼펜하우어는 이렇게 말합니다. "궁핍은 하류층을 때리는 채찍이고, 권태는 살 만한 이들을 파고드는 채찍이다."

사람들은 삶의 고통에서 벗어나려고 발버둥 칩니다. 그러나 이런 노력을 통해 얻는 행복이란 '거지가 손에 넣은 푼돈'과 같습니다. 큰 성공을 거두었어도 얼마 후면 다시 초조하고 불안해지지 않던가요? 삶은 줄곧 버겁고 신산스러운 상태로 돌아가버립니다. 부유함을 손에 넣은 자들도 초라하기는 마찬가지입니다. 쇼펜하우어는 그들을 심심함과 우울을 피해 "한곳에서 다른 곳으로 떠돌며 구걸하는 거지들처럼" 여행을 다닌다며 비웃습니다.

쇼펜하우어는 왜 이토록 인생을 어둡고 우울하게 바라볼까요? 이유가 가늠되지 않는다면 헛된 기대를 접고 마음을 내려놓았을 때, 되레 편안해졌던 적을 떠올려보세요. 쇼펜하우어가 건네는 고통에 대한 처방전도 이와 비슷합니다. 어차피 우리는 모두 고통 속에서 늙고 병들다 죽어갈 운명입니다. 일터에서 지금 잘나간다 해도 사정은 다르지 않아요. 결국 언젠가는 밀려나고 잊힐 테니까요. 이를 당연한 미래로 받아들일 때, 앞으로 닥칠 어떤 고통도 담담하게 받아들일 수 있게 됩니다. '나만 이런 게 아니야. 사람은 모두 세월이 흐를수록 약해지다가 결국 밀려나게 되어 있어'라는 식으로 생각하면 더 앞서가려고, 더 나아지려고 날이 서 있던 마음이 한결 여유로워집니다. 실패하고 뒤처진대도 이는 내 탓이 아니라 몰락과 죽음으로 향해가는 우리 모두의 운명 탓이니까요.

쇼펜하우어는 고대 그리스의 비극을 높게 평가합니다.

『오이디푸스 왕』 같은 작품에서는 아무리 주인공들이 애를 써도, 신이 설계해놓은 운명에서 결코 벗어나지 못하지요. 그런데도 관객들은 정해진 운명에 따라 치열하게 아픔을 겪는 인물들을 보며 감동을 받습니다. 쇼펜하우어는 우리도 비극의 주인공 같아야 한다고 충고합니다. "이기려 하지 마라. 어차피 미래는 정해져 있다. 그런데도 마치 영웅처럼 어려운 처지를 견뎌내고 있다면 이 자체로 그대는 충분히 잘 살고 있는 셈이다." 쇼펜하우어에 따르면, 인생이란 어떻게든 끝마쳐야 하는 한 편의 과제와도 같습니다. 그러므로 이를 견뎌내는 것만으로도 충분히 멋진 일입니다.

　　나아가, 삶을 고통을 겪는 과정이라 여기면 말 섞기도 쉽지 않은 이상한 사람들을 견디기가 한결 쉬워집니다. 쇼펜하우어는 이렇게도 말합니다. "사악한 이들 탓에 분노가 이는가? 즉시 그의 삶에 눈길을 돌려보라. 그가 얼마나 참혹하고 고된 생활을 이어가는지를 보라." 아무리 싫은 사람도 그이가 어려운 처지 속에서 힘들게 버티고 있음을 알면 미움이 덜해집니다. 오히려 마음에서 동정심이 샘솟게 되지요. 그래서 쇼펜하우어는 사람들을 '인생이라는 고통을 함께하는 벗'이라 부릅니다. 나의 일상이 괴롭듯, 남들도 고통스럽기는 마찬가지이니까요. 이쯤 되면 왜 삶을 어둡게만 바라보는 쇼펜하우어에게 사람들이 열광하는지 이해가 될 듯싶습니다.

그렇다면 쇼펜하우어는 왜 생전에 주변 사람들을 무시하고 못마땅하게 여겼을까요? 그의 경멸 속에는 인간에 대한 높은 기대가 숨어 있음을 놓쳐서는 안 됩니다. 그는 언제나 사람들이 정해진, 어두운 운명에 휘둘리지 않고 꿋꿋하고 고귀하게 살아가기를 바랐습니다. 하지만 많은 이들은 일상이 힘들거나 지루해서 게임이나 오락 등 소소한 즐거움에 매달리며 삶의 무거움을 애써 잊어버리려 합니다. 쇼펜하우어가 봤을 때 이런 식의 인생은 알코올로 괴로움을 잊으려는 자들과 별로 다르지 않았을 겁니다.

최근 쇼펜하우어의 철학을 다룬 책들이 베스트셀러 목록에 여러 권 올라와 있습니다. 경쟁이 버겁고 미래가 보이지 않는 시대, 쇼펜하우어의 어두운 염세 철학은 어설프게 긍정적인 마음보다 제대로 된 비관주의가 삶에 힘이 된다는 사실을 잘 보여주는 듯합니다.

자주 예술로 돌아가 휴식하라

아르투어 쇼펜하우어

> 욕망의 눈으로 보면 세상은 고통이지만
> 관조의 눈으로 보면 세상은 아름다움이다.

어느 스승이 커다란 바위를 가리키며 제자들에게 물었습니다. "저 커다란 돌은 무거울까, 가벼울까?" 제자들이 입을 모아 답했습니다. "아주 무거울 것 같습니다." 그러자 스승은 미소를 띠며 답합니다. "그렇지 않다네. 자네들이 저 바위를 들어 올리지 않는다면 절대 무겁지 않아."

명상 수련의 구루인 샤우나 샤피로Shauna Shapiro의 책에 나오는 이야기입니다. 여기서 전하는 통찰은 독일의 철학자 아르투어 쇼펜하우어의 주장과 맞닿아 있습니다. 흔히 인생은 고통으로 가득 차 있다고 하지요. 하지만 쇼펜하우어에 따르면, 인생이 고통스러운 순간은 욕망에 사로잡혀 있을 때뿐입니다. 바라는 것 없이 살아간다면, 세상은 오히려 아름다움으로 가득한 곳으로 다가올 터입니다.

화산 폭발을 예로 들어보겠습니다. 분화구에서 용암이 뿜어져 나온다면 그 근처에 집이 있는 사람은 두려움과 걱정에 사로잡힐 것입니다. 반면, 멀리서 불 뿜는 산을 바라보는 관광객은 어떨까요? 무시무시한 풍경도 대자연의 신비로 숭고하게 여겨질 뿐이지요. 그래서 쇼펜하우어는 이렇게 말합니다. "욕망의 눈으로 보면 세상은 고통이지만, 욕망에서 벗어나 관조의 눈으로 보면 세상은 아름다움이다." 인생의 온갖 괴로움에서 벗어나 행복에 이르는 길은 욕망을 내려놓는 데 있습니다.

여기까지만 들으면 쇼펜하우어의 말은 세상 물정 모르는 철학자의 궤변으로 여겨질 것입니다. 우리는 결코 욕망에서 벗어나지 못하는 존재이기 때문입니다. 추위와 더위, 배고픔과 질병은 끊임없이 인생을 고달픔으로 가득 채우지요. 사람은 몸을 갖고 있다는 점에서는 여느 짐승과 다르지 않기 때문에 온갖 괴로움과 욕망에 사로잡히곤 합니다. 그렇지만 쇼펜하우어에 따르면 우리가 '더 나은 인식das bessere Bewusstsein'을 갖추게 된다면, 이 괴로운 욕구들을 견딜 만한 수준으로 낮출 수 있습니다. 그의 조언을 좀 더 들어볼까요?

사랑에 빠졌을 때 사람들은 엄청 진지해집니다. "너의 숨소리 자체가 나에겐 선물이야", "헤어지는 건 죽는 거나 마찬가지잖아" 등등 손발 오그라드는 말들을 거침없이 내뱉지요. 사랑의 열병에서 깨어난 다음에는 이불 속에서 발차기를 하며 부끄러워할 법한 표현들입니다. 도대체 연인들은 왜 그토록 과감한 걸까요?

쇼펜하우어에 따르면 '맹목적 의지', 즉 종족 번식의 욕망이 우리를 달뜨게 했던 게지요. 『이기적 유전자』를 쓴 리처드 도킨스Richard Dawkins의 설명도 쇼펜하우어와 별다르지 않습니다. 유전자는 후손을 남기기 위해 우리를 줄곧 속이고 있습니다. 이렇게 보자면 우리가 욕망에 휘둘리며 쩔쩔매다가 후회하게 되는 까닭은 우리 자신에게 있지 않습니다. 우주를 지배하는 맹목적 의지가 우리를 조종하기 때문인 것이지요. 이렇게 생각하면 나를 괴롭히고 힘들게 하는 이들을 대하는 내 마음도 조금은 편해집니다. 그들 역시 나와 마찬가지로 맹목적 의지의 괴롭힘에 시달리고 있을 테니까요. 유달리 까탈스럽게 굴며 짜증을 부리는 사람이 있나요? 그자의 마음을 태우고 있는 번뇌의 불꽃을 떠올려보세요. 상대방에 대한 분노가 연민으로 바뀌며 묘한 동지의식까지 생겨날 것입니다.

　나아가, 쇼펜하우어는 자주 예술로 돌아가 휴식하라고 말합니다. 예술은 욕망에서 벗어나 순수한 관조의 눈으로 세상을 바라보게 하기 때문입니다. 눈 덮인 산의 경치를 즐길 때와, 석탄이 묻힌 광맥으로 산을 바라볼 때의 차이를 생각해보세요. 이렇듯 예술은 욕망에서 벗어나 자연과 세상 만물을 그 자체로 바라보며 아름다움을 느끼게 합니다.

　물론, 욕망은 우리가 살아 있는 한 절대 사라지지 않습니다. 덜 고통스럽게 다독일 수 있을 뿐이지요. 욕구에서 벗어나게 하는 '더 나은 의식'을 갖기란 더더욱 쉽지 않습니다. 쇼펜하우어 역시 아주 적은 수의 '정신적인 귀족'만 이런 경지에 이를 수 있다고 말하는데요, 사람들 대부분은 욕망의 괴로움과 권태의 지겨움 사이를 오갈 뿐입니다. 온종일 일에 시달리며 괴로워하다가, 퇴근해서는 무료함을 달래려 동영상이나 게임 등에 매달리는 식이지요.

　쇼펜하우어가 말하는 더 나은 의식은 '제대로 튜닝된 정신'이라는 표현으로 바꾸어 말해도 될 것 같아요. 온종일 욕망에 끌려다니다 보면 영혼이 지치고 조급해지기 마련입니다. 이때 욕구에 시달린 마음을 방치하면 안 됩니다. 온갖 욕구에서 거리를 두고 예술의 세계로 돌아가 마음이 올곧게 중심을 잡게끔 '튜닝'해야 합니다. 아울러 쇼펜하우어는 우리 삶을 나락으로 끌어내리는 맹목적 의지에서 벗어나려면 식욕으로부터의 '절제', 성욕을 다스리는 '정결', 그리고 탐욕을 길들이는 '청빈'을 꾸준히 실천하라고 강조합니다. 그러면 우리는 마침내 욕망이 더 이상 삶을 괴롭히지 못하는 성인聖人의 경지에 이르게 되겠지요.

이제 자신의 일상을 조용히 되짚어볼 때입니다. 나는 어떤 욕망에 매달리고 있을까요? 채워지지 않는 욕망 때문에 버거워지지 않도록, 더 나은 의식을 갖추기 위해 어떤 노력을 했나요? 정신의 귀족이 되어 좋은 인생을 가꾸기 위해 꾸준히 노력해보면 좋겠습니다.

행복과 불행을 똑같이 맞이하라

윌리엄 어빈

> 삶에서 벌어지는 일들을 내가 늘 통제할 수 있는 것은 아니다.
> 하지만 일이 벌어졌을 때 내가 무엇을 할지는 통제할 수 있다.

제2차 세계대전 당시, 히틀러는 영국인들의 전투 의지를 꺾기 위해 런던을 집요하게 폭격했습니다. 하지만 런던 시민들은 매일 폭탄이 떨어지는 와중에도 담담하고 결연하게 일상을 이어갔습니다. 이런 자세야말로 영국이 나치 독일을 이긴 근본적인 힘이라 할 수 있습니다. 당시 영국 정부의 표어에는 런던 시민들의 태도가 한마디로 쓰여 있습니다. "평정심을 유지하고, 하던 일을 계속하십시오 Keep Calm and Carry on."

일반 시민이 폭격을 멈추게 할 수는 없습니다. 맨손으로 적기를 추락시킬 수도 없겠지요. 그렇다면 무엇을 할 수 있을까요? 적의 공격에 화를 내고 무능한 당국을 원망할 수 있겠지만 처지는 달라지지 않습니다. 내가 어쩌지 못할 것들은 놓아버리고, 할 수 있는 것과 해야 할 것에만 마음을 모아 행할 때 희망은 열리는 법입니다. 심각한 피해를 입고도 의연하고 꿋꿋하게 일상을 꾸려가는 런던 시민들의 모습은 마침내 히틀러의 야욕을 무너뜨렸지요.

로마제국에서 유행했던 스토아 철학은 우리 시대에도 인기를 끌고 있습니다. 라이언 홀리데이, 윌리엄 어빈 같은 현대 스토아 철학자들의 저서들은 꾸준히 아마존 베스트셀러 순위 상위권에 오르고 있습니다. 영국 엑세터대학교를 중심으로 열리는 '스토아 철학 주간 Stoic Week' 등의 행사들도 스토아 산업이라고 불릴 만큼 활발하게 이루어지고 있지요. 이러한 스토아 사상의 핵심은 "평정심을 유지하고, 하던 일을 계속하십시오"라는 제2차 세계대전 당시의 영국 정부의 구호와 통하는 데가 있습니다.

스토아 철학의 가르침대로라면, 코로나19가 닥친 이유는 세계인의 삶을 파멸로 몰아넣기 위해서가 아닙니다. 코로나19는 그저 널리 퍼진 바이러스일 뿐이지요. 마찬가지로, 경제 위기가 닥친 까닭은 내 삶을 파탄 내기 위해서가 아닙니다. 나의 휴가 계획을 망치려고 폭풍우가 몰아치는 게 아닌 것과 마찬가지 이치입니다. 이 모두는 내 의지와 상관없이 벌어지는 '재난'일 뿐이지요.

스토아 사상가들은 이러한 재난에 맞서는 방법을 담담하게 들려줍니다. "평정심을 유지하고 해야 할 일을 하십시오." 이들은 흔들리지 않는 마음 상태, 즉 '아파테이아apatheia'를 강조하고 또 강조합니다.

"보리죽과 빵 부스러기, 맹물이 맛있는 먹거리는 아니다. 하지만 이런 것들에서도 즐거움을 이끌어내는 능력은 강렬한 쾌감을 안긴다." 스토아 철학자 세네카Seneca의 말입니다. 그는 이런 가르침도 전해줍니다. "신은 우리를 벌주기 위해서 재앙을 내리지 않는다. 무언가 용기 있는 일을 할 기회를 주기 위해 우리를 좌절시킬 뿐이다. 그래야 우리가 가진 최고의 탁월성이 드러나지 않겠는가."

현대 스토아 사상가인 윌리엄 어빈William Irvine(1953~)은 세네카의 가르침을 '스토아 시험 전략Stoic test strategy'이라고 일컫습니다. 힘들고 어려운 상황이 닥치면 나를 더 강하게 만들어주기 위해 자연이 과제를 던졌다고 생각하라는 겁니다.

"삶에서 벌어지는 일들을 내가 늘 통제할 수 있는 것은 아니다. 하지만 일이 벌어졌을 때 내가 무엇을 할지는 통제할 수 있다." 이러한 어빈의 주장에 따르면 닥친 위기 앞에서 나는 절망하고 분노하는 식으로 대응할 수 있습니다. 반면, 감정을 다독이며 침착하고 담담하게 해야 할 일을 하는 식으로 맞설 수도 있지요.

우리 삶이 얼마나 훌륭한지는 돈이 얼마나 많은지, 지위가 얼마나 높은지에 따라 정해지지 않습니다. 돈은 언제든 사라질 수 있고, 높은 지위에서도 순식간에 밀려날 수 있으니까요. 반면, 온갖 어려움을 통해 바위처럼 단단해진 영혼을 갖춘 사람은 돈이나 명예에 휘둘리지 않습니다. 어느 상황에서나 마땅한 때에, 마땅한 방식으로 마땅하게 해야 할 일을 해나가며 온갖 어려움을 헤쳐나갈 터이니까요. 윌리엄 어빈에 따르면, 이런 사람들이야말로 "좌절이라는 레몬을 달콤한 레모네이드로 만드는" 진정 훌륭한 사람들입니다.

스토아 사상가들은 "행복과 불행을 똑같이 맞이하라"라고 충고합니다. 중요한 것은 나에게 주어진 상황과 조건이 아닙니다. 나 자신이 좋아지는지 나빠지는지는 이에 맞서는 나의 태도와 자세에 따라 결정되니까요.

세상에는 온갖 재난과 고난이 끊이지 않습니다. 스토아 철학자들은 어려움 앞에 주눅 들지 말고 '아하, 겨뤄볼 만한 좌절이로군! 내가 얼마나 강해지는지 실험해볼까?'라는 자세로 맞서라고 충고합니다. 전쟁과 경기 침체로 온 세상이 어려움을 겪는 요즘입니다. 그러나 이를 이겨내려는 온갖 노력 속에서 인류사회는 점점 더 위대해지지 않을까요? 스토아 테스트를 통과하고 있다는 마음으로 우리에게 닥친 고난을 헤쳐 나가보면 어떨까요?

간결하게, 객관적으로 말하라

마르쿠스 아우렐리우스

감정에 휘둘리도록 자신을 내버려두지 말라.

외교 무대에서는 절제되고 점잖은 말을 사용합니다. 예컨대 '양국 정상은 진솔하고 허심탄회하게 대화를 나누었습니다' 라는 설명은 실은 격렬한 논쟁이 있었음을 뜻하곤 하지요. '회담은 시종일관 화기애애한 분위기 속에서 이루어졌습니다'라는 발표는 논의가 별 알맹이 없이 덕담 수준에 그쳤음을 나타내는 관용적 표현이다시피 합니다. 나아가 '각자의 입장을 확인하고 상호 존중하기로 했습니다'라는 평가는 서로 말이 안 통할만큼 생각이 달라 아예 합의를 이끌 엄두조차 못 냈다는 의미이지요.

이렇듯 외교에서는 갈등과 다툼을 드러낼 만한 표현을

에둘러 감추곤 합니다. 거친 말투와 감정적인 언사는 또 다른 분란을 낳기 때문입니다. 말이 말을 낳는 식이지요. 그래서 서로 예민해지는 상황에서는 차분한 외교적인 표현이 도움이 되곤 합니다. 부딪침이 감정적으로 치닫지 않도록 상황을 관리해주니까요.

스토아 철학자이자 로마제국의 황제였던 마르쿠스 아우렐리우스Marcus Aurelius (121~180)는 한 걸음 더 나아가, 공들여 가다듬어 말하는 습관은 평정심을 유지하는 데도 큰 도움이 된다고 말합니다. 캐나다의 스토아 철학 연구자인 도널드 로버트슨Donald Robertson은 이를 '탈脫파국화decatastrophizing'라고 칭합니다.

가령, 해고당한 뒤 절망에 휩싸여 "나는 직장에서 잘렸어. 이제 할 수 있는 건 아무것도 없어. 나는 이제 망한 거야"라고 내뱉었다고 가정해봅시다. 이내 불안이 모든 생각을 잡아먹고 가슴이 답답해지며 온갖 안 좋은 감정이 불끈거릴 겁니다. 걱정거리들이 꼬리에 꼬리를 물고 이어지며 결국 나락으로, 비참한 정신 상태로 떨어져버리겠지요. 이것이 바로 '파국화catastrophizing'입니다.

이 말을 간결하게, 객관적으로 바꾸어보겠습니다. '나

는 직장에서 해고되었다. 그래서 지금은 새로운 일자리를 알아보고 있다.' 감정을 덜어내고 일어난 상황과 내게 주어진 과제만을 정리해서 말하는 순간, 마음이 차분해지며 해법을 찾는 쪽으로 생각이 움직이기 시작합니다. 이것이 '탈파국화'이지요.

마르쿠스 아우렐리우스 같은 스토아 철학자들은 탈파국화의 달인들이었습니다. 재난이나 불행으로 상처받지 않는 인간은 없지요. 스토아 철학자들에 따르면 "아무리 현명한 자라 할지라도 그 또한 돌이나 쇠가 아니라 피와 살로 되어 있"으니까요. 그러나 불행과 고난은 현자의 마음에 생채기를 낼 수는 있어도 심각한 내상을 입히지는 못합니다. 그들은 계속해서 이성적으로 상황을 다스리기 때문입니다. 이를 스토아 철학에서는 '아파테이아'의 상태라고 부릅니다. 불안과 두려움, 고통 등 영혼을 뒤흔드는 온갖 감정에서 자유로워진 경지이지요. 우리도 과연 아파테이아라는 높은 수준에 다다를 수 있을까요?

마르쿠스 아우렐리우스는 로마 역사상 가장 뛰어난 황제로 손꼽힙니다. 그가 다스리던 시기의 로마제국은 끝없는 전쟁과 전염병, 재정 파탄에 시달렸습니다. 그런데도 아우렐리우스는 담담하게 제국을 이끌어갔지요. 그 비결은 무엇이었을까요? 아우렐리우스는 무엇보다 "자기를 방치하지 말라"라고 강조합니다. 감정에 휘둘리도록 자신을 내버려 두지 말라는 뜻입니다. 그는 "상황을 최대한 정확하게 말로 표현하고, 철학적으로 다듬어진 무관심으로 바라보라"라고 충고하지요.

성인군자라 해서 상처받지 않는 것은 아닙니다. 그들도 당황하며 흔들립니다. 하지만 그들은 이내 상황을 객관적으로 바라보며 마음을 차분한 상태로 돌려놓곤 합니다. 현자들은 간결하게, 객관적으로 말하는 습관이 몸에 배어 있습니다. 만약 배가 풍랑을 만나 헤매게 되었다면, 그들은 '배가 표류하고 있다'라고 상황을 정리할 뿐입니다. 결코 '어째서 나한테 이런 일이 생긴 거야! 말도 안 돼!'라는 식으로 감정이 이끄는 대로 아무 말이나 내뱉지 않아요.

마르쿠스 아우렐리우스 같은 스토아 철학자들은 철학을 '도덕적이고 심리적인 치료제therapeia'로 여기곤 합니다. 겁에 질려 울부짖는 말투는 사람들을 두려움과 절망으로 몰아넣을 뿐입니다. 반면, 간결하면서도 객관적으로 문제의 핵심을 담담하게 짚어주는 설명은 벌렁이는 가슴을 가라앉

히며 냉정하게 해법을 찾게끔 하지요. 그렇다면 당신은 자신에게 어떻게 말을 하고 있나요? 있는 대로 짜증과 분노를 터뜨리나요, 전쟁터의 유능한 지휘관처럼 냉철하게 상황을 보고하나요?

삶의 현실이 재난 수준으로 치달을수록 간결하게, 객관적으로 말하며 마음을 추스르는 지혜가 필요합니다. 로마의 황제 철학자 마르쿠스 아우렐리우스의 『명상록』을 읽으며 마음을 다스리는 기술을 익혀보면 어떨까요?

이기려 하지 않기

『숫타니파타』

> 소리에 놀라지 않는 사자처럼, 그물에 걸리지 않는 바람처럼,
> 물에 더럽혀지지 않는 연꽃처럼, 코뿔소의 뿔처럼 혼자서 가라.

세상은 언제나 내 편이 아닙니다. 경쟁이 치열한 시장은 나를 밀어내지 못해 안달인 듯싶습니다. 내가 약해지기를, 나의 허점이 드러나기를 바라는 자들은 또 얼마나 많던가요. 이런 상황이니 누군가에게 의지하고픈 마음도 굴뚝같지요. 하지만 선뜻 마음을 주었다가 상대가 등 뒤에서 칼을 꽂을까 두려워 움츠러드는 경우도 적지 않습니다. 이렇게 본다면 세상은 정말 '살아서 경험하는 지옥의 체험'인 듯싶어요. 과거에 대한 후회와 누군가에 대한 원망과 증오, 미래에 대한 걱정과 두려움이 끊이지 않고 피어나니까요.

하지만 생명은, 아니 자연은 원래 그렇습니다. 이 땅에 태어난 모든 생명은 병들고 늙어 결국 죽지요. 아무리 힘세

고 아름답고 뛰어나다고 해도, 결국 지치고 늙어 경쟁에서 밀려나 죽음으로 스러져버리는 것이 세상 만물의 이치입니다. 우리의 신산스러운 삶은 이런 자연의 흐름 중 하나일 뿐이지요. 그렇다면 고통과 어려움으로 가득한 인생을 우리는 어떻게 살아내야 할까요?

불교에서 가장 오래된 경전 중 하나인 『숫타니파타』는 지혜롭게 사는 방법을 일러줍니다. 어느 날 악마가 고타마 싯다르타Gautama Siddhartha(기원전 624?~기원전 544?), 즉 석가모니 부처님에게 이렇게 비아냥거립니다. "자식이 있는 사람은 자식 덕에 기쁨을 얻습니다. 소를 가진 이들은 소로 인해 기뻐합니다. 이렇듯 마음을 쏟아 매달리는 것들은 사람에게 기쁨을 줍니다. 하지만 집착이 없는 이들은 기뻐할 일이 없어요." 이에 석가모니는 다음과 같이 답합니다. "자식이 있는 자는 자식으로 인해 슬퍼한다. 소를 가진 이는 소로 인해 슬퍼한다. 마음을 쏟아 매달리는 것들은 결국 슬픔이 된다. 집착이 없는 사람은 슬퍼할 일도 없다."

인생이 괴로운 까닭은 고통받다 병들어 죽고 마는 우리의 운명 탓만은 아닙니다. 이렇게 되지 않으려 아득바득하는 우리의 집착에 그 원인이 있지요. 그래서 석가모니는 다음과 같은 지혜의 말씀을 들려줍니다. "소리에 놀라지 않는 사자처럼, 그물에 걸리지 않는 바람처럼, 물에 더럽혀지지 않는 연꽃처럼, 코뿔소의 뿔처럼 혼자서 가라."

어떻게 해야 이렇듯 담대한 마음을 갖출 수 있을까요? 무엇보다 인생의 목표를 바로잡아야 합니다. 석가모니는 이렇게도 말합니다. "사람들이 '행복'이라고 말하는 것을 거룩한 분들은 '괴로움'이라고 말한다." 누군가를 이기고 눌러 높은 자리에 오르고 많은 재산을 모으면 행복해질 듯싶습니다. 하지만 과연 그렇던가요? 승리와 성취의 기쁨은 잠깐일 뿐, 밀려날지 모른다는 두려움이 되레 더 깊어지지 않던가요? 높이 올라갈수록, 가진 것이 많아질수록 나락으로 떨어질 때의 고통도 더 커지기 때문입니다. 그래서 진정 행복에 이르고 싶다면 오히려 이기려는 마음을 내려놓아야 합니다.

이기려 하지 않기, 그리고 인생의 목표를 '번뇌 없이, 집착 없이, 청정하게 살기'로 바로 잡기. 이는 고통에서 벗어난 삶을 살기 위한 지혜입니다. 누군가와 치열하게 다투다 보면 어느 순간 왜 싸우는지를 잊어버리게 됩니다. 감정이 너무 격해진 나머지 상대방을 한 대라도 더 때리는 일 자체가 목적이 되어버리지요. 그렇게 되면 싸움에서 이겨봤자 상처와 후회밖에 남지 않아요. 이기려 하지 않는 태도는 바로 이런 안쓰러운 지경에 이르지 않게 하는 지혜입니다. 우리는 욕망과 초조함 탓에 끊임없이 틀어져버리는 마음을 다잡으며 '튜닝'해야 합니다. 『숫타니파타』의 다음 구절을 읽으면 이를 위한 석가모니의 가르침이 생생하게 다가옵니다.

뱀의 머리를 밟지 않으려 주의하듯 쾌락을 피하는 자는 마음을 추슬러 집착 너머로 나아간다. 토지, 재산, 금, 소와 말, 하인, 친척, 그리고 다양한 감각적 쾌락을 탐내는 자에게는 망가진 배에 물이 스며들 듯 괴로움이 찾아든다. 그러니 항상 마음을 집중하여 감각적 쾌락을 피하라. 그것들을 버리고 홍수를 건너가라. 배의 물을 퍼내고 저 언덕에 다다른 사람처럼.

"탐욕은 큰 홍수, 욕망은 거센 물살, 집착은 파도, 쾌락은 빠져나오기 어려운 진흙탕"과 같습니다. 우리는 지금 그 가운데 어디에 휩쓸려 허둥대고 있을까요? 가만히 머물고 있으면 먼지가 쌓이고 때가 끼기 마련이지요. 그래서 "대장장이가 은銀의 때를 벗기듯" 우리 마음의 더러움을 씻어내야 합니다.

　모든 고등종교가 그렇듯, 석가모니의 가르침은 종교적인 깨달음에만 그치지 않습니다. 지지 않으려고 아득바득 우기는 자와 너그러운 마음으로 묵묵히 좋은 인격을 갖추려 애를 쓰는 사람을 견주어보세요. 어떤 사람과 함께 일을 하고 싶은가요? 어떤 사람이 성공하기를 바라게 되던가요? 석가모니 가르침에 담긴 이기려 하지 않는 마음은 세상을 더 좋고 바람직하게 만들려는 자비로운 이들의 큰 그림과 다르지 않습니다. 이기려 하지 않았던 석가모니는 "패한 적이 없는 승리자"라고 불립니다. 진정 승리하는 길을 찾고 싶다면 『숫타니파타』 속 부처의 오래된 지혜에 귀 기울여보면 좋겠습니다.

성공과 실패에 초연하라

친닝추

> 천 번의 성공과 천 번의 실패를 거듭하는 것이 우리의 일상이다.
> 여기에 일희일비할 필요는 없다.

전통사회에서는 개들에게도 마땅한 역할이 있었습니다. 집을 지키는 일이었지요. 도둑이나 의심스러운 자들이 어슬렁거리면 맹렬히 짖어서 쫓아내야 하는데, 사실 이는 생각보다 쉽지 않습니다. 아무에게나 짖으며 달려들다간 되레 주인한테 혼날 수도 있으니까요. 특히 귀한 손님에게 그랬다간 여간 낭패가 아니겠지요.

　그래서 마케팅 컨설턴트이자 베스트셀러 작가인 중국계 미국인 친닝추朱津寧, Chin Ning Chu(1947~2009)는 개들에게도 노하우가 필요하다고 말합니다. 차림새가 꾀죄죄하고 주눅 들어 보이는 이들은 사납게 위협해도 됩니다. 문제가 생긴다 한들 따지지도 못할 별 볼 일 없는 인물일 터이니까요.

번듯한 차림새에 태도까지 당당한 사람은 조심해야 합니다. 주인이 잘 보이려 애쓰는 손님일 수도 있어요. 개는 숱한 시행착오를 겪으며 달려들어야 할 자와 꼬리 치며 맞아야 할 사람을 가리는 법을 익혀나갑니다.

친닝추는 인간도 개와 다를 바 없이 사람을 대한다고 말합니다. 초라한 차림새에 눈치까지 보는 이들은 거친 대접을 받기 쉽지요. 반면, 옷차림이 반듯하고 태도도 당당한 사람에게는 든든한 뒷배가 있나 싶어 조심스레 대합니다. 그래서 우리는 내 속이 어떻건 일단 괜찮은 인물로 보이려 애쓰곤 하지요. 친닝추는 이를 '후안흑심厚顔黑心, thick face black heart'이라는 말로 정리합니다. 두꺼운 얼굴과 검은 마음이라는 뜻인데, 줄여서 '후흑'이라고도 하지요. 감정을 얼굴에 드러내지 않고 본심도 들키지 않도록 포커페이스를 갖추라는 뜻입니다. 중국사회에서 후흑은 처세의 기본으로 통합니다. 이를 연구하는 '후흑학'이 있을 정도이지요. 친닝추는 한 발 더 나아가 후흑은 처세술을 넘어 세상을 올곧게 세우는 기술이라고까지 치켜세웁니다.

친닝추에 따르면, 대자연을 지배하는 신이야말로 후안흑심의 대명사입니다. '도대체 내 삶은 왜 이리 고통스러운 걸까?' 누구나 할 법한 고민이지요. 이 모든 아픔이 무슨 의미가 있는지 나로서는 알 길이 없어요. 하지만 온갖 신산스러움이 다 지나고 났을 때야 비로소 '아, 그래서 내가 힘들었던 거구나!' 하고 깨닫곤 합니다. 이렇게 신은, 자연의 섭리는 본심을 감추고 뜻한 바를 이루어갑니다.

친닝추는 비즈니스란 "광활한 우주를 경영하는 신의 능력을 더 작은 규모로 재현하는 것"이라고 강조합니다. 그렇기에 "자신의 일에서 신의 손길이 느껴지도록 하라"라고 끊임없이 당부하지요. 우주의 섭리는 사람들의 아우성에 아랑곳하지 않습니다. 초연하고 담담하게 마땅히 되어가야 할 바대로 세상을 이끌어가지요. 우리 역시 그래야 합니다. 언제나 목적을 바라보며 일상 속 여러 일에서 초연해야 한다는 의미입니다.

천 번의 성공과 천 번의 실패를 거듭하는 것이 우리의 일상입니다. 여기에 일희일비할 필요는 없지요. 나아가, 분노와 수치심에 휩싸이지도 말아야 합니다. 결국 "성공이야말로 가장 달콤한 복수"일 테니까요. 후흑의 달인들은 이 사실을 가슴에 새기고 있습니다. 한漢나라 건국의 일등 공신인 한신韓信(?~기원전 196)은 젊은 시절 자신을 위협하는 불량

배의 가랑이 사이를 담담하게 기어갔습니다. 껄렁한 이들이 던지는 온갖 모욕과 주변의 경멸 어린 눈초리에 전혀 신경 쓰지 않았어요. 언제나 목적을 내려놓지 않고 초연하게 현실에 맞서는 후흑의 자세가 잘 드러나는 대목입니다.

하지만 아무리 후흑의 가르침대로 나아간다 해도, 거듭해서 주저앉을 때도 있을 겁니다. 그래도 친닝추는 걱정할 필요가 없다며 우리를 다독이는데요, 실패와 좌절이란 결국 후흑을 연습하는 과정일 뿐입니다. 벼락부자나 재산을 물려받아 잘살게 된 사람들은 망했을 때 좀처럼 다시 일어서지 못합니다. 반면, 산전수전을 다 겪으며 재산을 일군 사람은 무너져도 곧잘 회복하지요. 왜 그럴까요? 돈만 사라졌을 뿐 그에게는 여전히 부를 가꿀 만한 능력과 의지, 자신감이 남아 있는 덕분입니다. 후흑의 태도가 몸에 배어 있는 한, 우리는 거친 세상을 다시 헤쳐나갈 수 있어요. 그래서 친닝추는 후흑을 일상에서 실천하고 또 연습하라고 충고합니다.

요즘 어떤 성공과 실패를 겪고 있나요? 후흑학에 따르면, 성공하고 있을 때도 잘나가는 티를 내지 말고, 능력이 출중해도 뽐내지 말아야 합니다. 내가 강하다고 생각되면 나의 맞수는 더 철저하게 준비해서 더욱 강하게 달려들기 때문입니다. 우회해서 이길 수 있는데도 굳이 정면승부를 해야 할 이유는 없지요. 반대로, 거듭되는 실패에 움츠러들지도 말아야 합니다. 이루고자 하는 최종 목적을 잊지 않고 마땅히 해야 할 일들을 꾸준히 해나가야 마침내 성공에 다다르게 되겠지요. 세상살이가 힘들고 상황이 엄혹해지는 요즘입니다. 감정의 흔들림이 드러나지 않는 두꺼운 얼굴과 은근하고 깊은 마음을 갖추라는 후흑학의 지혜를 꾸준히 연습해보면 어떨까요?

네 욕망을 포기하지 마라

자크 라캉

> 인간이란 타인의 욕망을 욕망하도록 길들여진 존재다.

스파르타에서는 전쟁터에서 겁먹은 모습을 보인 전사들에게 수염을 절반만 깎는 벌을 내렸다고 합니다. 전사들은 이런 우스꽝스러운 모습으로 사느니 차라리 죽기를 각오하고 싸웠다고 하지요. 그들은 목숨보다 체면을 더 중시했습니다.

스파르타 전사들의 태도를 우리에게서도 엿볼 수 있습니다. 꼭 써야 할 식비, 생활비를 아껴서라도 근사한 옷이나 그럴듯한 자동차를 사기 위해 무리한 적 있지 않나요? 인간이란 존재는 남들 앞에서 주눅 드는 상황을, 춥고 배고픈 처지만큼이나 두려워합니다. 프랑스의 철학자 자크 라캉Jacques Lacan(1901~1981)이 인간은 '욕구need'가 아닌 '욕망desire'으로 산다고 말한 이유이지요.

욕망은 욕구와 다릅니다. 욕구의 대상은 먹고 자며 추위를 피하는 등 생존에 반드시 필요한 것들인 반면, 욕망의 대상은 사회적으로 인정받기 위한 상징들입니다. 우리는 태어나는 순간부터 이미 사회가 잘 짜놓은 상징의 세계로 들어가지요. 가령 착한 아이가 되려면 무엇을 바라야 할까요? 부모님 말씀 잘 듣고 규칙을 지키는 모범적인 생활을 스스로 원해야 하겠지요. 인정받는 학생이 되고 싶다면 훌륭한 성적과 좋은 학교 진학을 절실하게 바라야 하고, 유능한 직장인으로 여겨지려면 높은 성과와 승진을 절절하게 꿈꿔야 겠지요.

하지만 우리가 바라는 이 모든 욕망은 누구의 욕망일까요? 정말 나 자신의 욕망이었을까요? 라캉은 인간이란 "타인의 욕망을 욕망하도록 길들여진 존재"라고 잘라 말합니다. 착한 아이라는 인정, 좋은 성적과 출세 등등은 모두 다른 사람들이 바라기 때문에 나도 원하게 된 것들에 지나지 않습니다. 빛나는 성공과 충분한 성취를 거둔 후에 허탈감에 빠지게 되는 이유는 바로 여기에 있지요.

우리는 헛헛함에서 벗어나려고 또다시 인정받을 만한

타인의 욕망을 찾아 매달리곤 합니다. '새로운 목표'라는 허울을 씌워서 말이지요. 이를 이루고 나면 또다시 허무함이 찾아들고, 그러면 또 다른 성취거리를 찾아 나설 것입니다. 술이 깰까 두려워 계속 음주거리를 찾는 알코올의존자와 다를 바 없는 모습이지요.

사람들이 이러한 행동을 반복하는 이유는 이 모든 것이 진정한 내 욕망이 아니기 때문입니다. 타인의 욕망이었을 뿐이지요. 라캉은 세상에서 인정받는 것과 나의 행복은 다르다는 당연한 사실을 일깨워줍니다. 우리의 진짜 욕망은 사회가 바라야 한다고 심어준 상징들 너머에 있습니다. 라캉이 우리의 일상을 '상징계'로, 진짜 욕망들이 자리 잡은 세계를 '실재계'로 부르는 이유입니다.

라캉은 '궁정식 연애courty love'를 예로 들어 설명합니다. 옛 기사들은 존경하는 상관의 부인이나 신분이 높은 귀부인을 연모했지요. 이는 절대 이루어지지 못할 사랑이었습니다. 만약 기사들의 연정이 실제 이루어졌다면 흔한 치정과 불륜 사건에 지나지 않았을 것입니다. 그들의 사랑은 결코 이루어지지 않기에 고귀하고 숭고한 감정으로 거듭납니다.

우리의 진짜 욕망도 다르지 않습니다. 사회가 짜놓은

상징들의 세계에 나의 진짜 욕망을 채워줄 대상은 없습니다. 그런데도 우리는 내가 진짜 바라는 것이라 믿으며 무언가를 이루기 위해 애면글면하지요. 성공, 승리, 사랑의 쟁취 등등이 그렇습니다. 이를 라캉은 '승화'라고 부릅니다. 하지만 그 속에는 진정한 행복도, 기쁨도 없지요. 원래 내 욕망이 아니었으니까요.

철학자 라캉은 정신과 전문의이자 최고의 정신분석가였습니다. 그는 언제나 환자들에게 마음의 병을 없애려 하기에 앞서 이해부터 하라고 충고하곤 했습니다. 마음의 문제를 없애면 건강한 사회인이 되기는 하겠지만, 이는 타인의 욕망에 맞추어 잘 짜인 세상으로 돌아가는 것에 지나지 않습니다. 그 속에는 진정한 행복이 없습니다. 때문에 마음은 또다시 문제를 일으킬 가능성이 큽니다.

라캉에 따르면, 마음이 병을 통해 드러내는 증상들은 내가 진정 무엇을 바라야만 한다고 울부짖는 영혼의 소리와 같습니다. 그렇다면 '이것을 바라면 안 돼!'라며 지레 욕망을 억누르지 말아야겠지요. 진정한 구원의 출발은 바로 이러한 욕망에 있을 테니까요.

비도덕적非道德的, immoral인 것과 초도덕적超道德的, amoral인

것은 다릅니다. 예술가들은 도덕과 윤리를 뛰어넘는 상상과 주장을 하곤 합니다. 그런데도 잘 만든 예술 작품은 추하기보다 아름답게 다가오지요. 우리 모두가 남모를 자신의 욕망을 이렇듯 아름답게 나타낼 방법이 없을까요? 틀을 깨는, 세상을 더 만족스럽고 살 만한 곳으로 만드는 창의적인 생각은 이 고민에 대한 답을 찾을 때 비로소 열립니다.

타인들이, 세상이 심어놓은 욕망이 아닌, 나의 진짜 욕망은 무엇일까요? 여러분의 마음의 소리에 귀 기울여보기 바랍니다.

운명에 맞서는 소박한 품격

칼 야스퍼스

> 그대의 삶에서 자유와 정의, 평화와 같은
> 영원한 가치들이 느껴지는가?

제1차 세계대전이 한창이던 1916년, 영국군은 6개월 동안 무려 42만 명의 병력을 잃었습니다. 지휘관들이 철조망으로 둘러싸인 데다 기관총으로 중무장한 적의 참호 앞으로 돌격하라는 명령을 거듭해서 내렸기 때문입니다. 상대인 독일군도 마찬가지로 이런 무모한 명령을 내려 결국 비슷한 수의 군인을 잃었지요. 병사들에게 전진 신호는 자살하라는 권유와 다를 바 없었습니다. 그런데도 병사들 대부분은 의연하게 명령에 따랐습니다. 왜 그랬을까요? 전쟁 사학자 존 엘리스John Ellis에 따르면 올바르게 처신해야 한다는 믿음이 당시 군인들의 마음을 사로잡았기 때문입니다. 겁쟁이라고 손가락질 받느니 영웅답게, 장렬하게 목숨을 던지는 쪽을 택했다는 겁니다.

영화 〈타이타닉〉에 나오는 사랑 이야기는 아름답지만 '미친 사랑'에 가깝습니다. 남주인공은 가진 거라곤 꿈밖에 없는 빈털터리 청년입니다. 재벌과의 결혼을 앞둔 여주인공은 이 남자와 불같은 사랑에 빠지는데, 둘의 뜨거운 애정은 배가 침몰하면서 함께 가라앉습니다. 하지만 타이태닉호의 항해가 무사히 끝났다 해도, 둘이 행복하기는 어려웠을 듯싶어요. 분명 그들은 꽃길을 버리고 가시밭길을 택했습니다. 그런데도 이들의 무모한 사랑이 큰 감동을 안기는 이유는 무엇일까요? 전쟁터에서 꿋꿋하게 스러진 젊은 죽음들이 묵직한 울림으로 다가오는 이유는 또 무엇일까요? 독일의 철학자 칼 야스퍼스Karl Jaspers (1883~1969)라면 이 물음에 주저하지 않고 답했을 겁니다. 그들이 '숭고하고 아름다운 영원함의 한 부분'을 드러냈기 때문이라고요.

합리적인 생각과 성실하고 꾸준한 노력은 바람직하고 건강합니다. 그러나 지루하고 퍽퍽하기도 하지요. 번듯한 직장에 다니면서도 마음에 사표를 품고 사는 직장인들이 얼마나 많나요? 야스퍼스에 따르면, 인생의 목적은 단지 살아남아 일상을 꾸리는 데만 있지 않습니다. 그는 인간의 삶이란 "진리, 사랑, 이성이 실현되는 무대"라고 힘주어 말합니다. 그의 주장을 이해하기는 어렵지 않습니다. 운명의 여신 모이라moira는 잔인하고 차갑습니다. 우리가 아무리 하소연하고 울며 매달려도, 운명은 정해진 미래를 향해 갈 뿐입니다. 그러나 운명에 결기 있게 맞설 때 인간의 삶은 진리, 사랑, 이성이 실현되는 무대로 거듭나지요.

숭고하고 아름다운 영원함은 우리에게 '사람은 사람다워야 한다'라고 끊임없이 요청하고 있습니다. 온갖 두려움과 어려움을 이겨내고 인간다운 선택을 했을 때, 우리는 영원한 진리와 사랑, 이성을 엿보게 되지요. 제1차 세계대전 때 전우들과 함께 기꺼이 적진에 몸을 던졌던 병사들의 영혼에도 이것들이 가득했을 겁니다. 삶을 나락으로 떨어뜨릴지도 모를 진정한 사랑에 기꺼이 빠져드는 연인에게서도, 우리는 숭고한 영원의 한 부분을 느낍니다. 운명에 맞서는 비극의 주인공에게는 자유롭고 멋진 '소박한 품격'이 있지요. 그들은 최악의 순간에도 진실을 믿으며 의기양양하게 가슴을 폅니다. 어리석다고 혀를 차면서도, 왜 자꾸만 그들에게 마음이 끌리는지 생각해보세요.

야스퍼스는 '축의 시대axial age'라는 말로 유명한 철학자입니다. 그에 따르면 기원전 800년부터 서기 200년 사이에 인류 문명의 뿌리가 되는 정신이 태어났습니다. 석가모니, 공자, 예수 같은 성현들의 가르침은 모두 이 시기에 나왔지요. 이들의 가르침은 역사라는 수레바퀴를 돌리는 축이 되어왔습니다. 결국, 문명이란 그들이 밝혀낸 진리를 드러내고 실현해가는 과정이라고 할 수 있지요. 그들은 자유, 정의, 진리, 사랑, 공정, 평화 등 인간이 꿈꾸는 모든 이상과 아름다움을 펼쳐놓았는데, 이런 가치들은 영원하며 사라지지 않습니다.

나아가, 야스퍼스는 '한계 상황'이라는 말로도 잘 알려져 있습니다. 한계 상황이란 죽음을 뜻하는데, 죽으면 모든 게 끝입니다. 그런데도 우리의 생각은 자신의 삶에만 머물지 않아요. 역사를 생각하고 인류의 미래도 고민하지요. 죽음이라는 한계 상황을 넘어 계속해서 영원을 꿈꾸고 있는 셈입니다.

야스퍼스에 따르면, 인생이란 진리, 사랑, 자유가 실현되는 무대입니다. 과연 나의 생애에는 영원한 진리와 사랑, 자유가 뿜어져 나오던 순간이 있었던가요? 나의 삶에서 축의 시대에 성인들이 알려준 자유와 정의, 평화와 같은 영원한 가치들이 느껴지고 있나요? 이 질문에 고개가 끄덕여지지 않는다면, 성실하고 합리적인 당신의 삶이 왜 건조하고 헛헛하다고 느껴지는지 설명될 듯싶습니다.

야스퍼스가 말하는, 운명에 맞서는 소박한 품격을 갖춘 이들은 실패하고 무너져도 아름답습니다. 진리를 위해 스러지는 비극의 주인공에게서 풍기는 고귀함이 있으니까요. 우리는 그들에게서 숭고하고 아름다운 영원의 한 부분을 느끼곤 하지요. 세상에는 부자도, 성공한 사람도 많습니다. 그러나 이들 중 상당수는 질투와 시기의 대상이 될 뿐, 사람들에게 존경받지는 못하지요. 우리에게 감동을 주는 영원의 한 조각이 느껴지지 않는 탓입니다. 문명을 이끄는 영웅들의 삶에는 가슴을 뛰게 하는 그 무엇이 담겨 있지요. 그렇다면 당신의 삶은, 당신의 조직은 진리와 사랑, 자유가 실현되는 무대인지 돌아볼 때입니다.

철학으로 돌파하라

2025년 1월 10일 1판 1쇄

지은이
안광복

편집
이진, 이창연, 조연주

디자인
박다애

제작
박홍기

마케팅
김수진, 강효원, 백다희

홍보
조민희

인쇄
천일문화사

제책
J&D바인텍

펴낸이
강맑실

펴낸곳
(주)사계절출판사

등록
제406-2003-034호

주소
(우)10881 경기도 파주시 회동길 252

전화
031)955-8588, 8558

전송
마케팅부 031)955-8595, 편집부 031)955-8596

홈페이지
www.sakyejul.net

전자우편
skj@sakyejul.com

블로그
blog.naver.com/skjmail

페이스북
facebook.com/sakyejul

트위터
twitter.com/sakyejul

ISBN 979-11-6981-347-1 03100